KB192628

〈행복을
디자인하다〉

이국희 저

학지사

우리는 끊임없이 무언가와 관계를 맺으며 산다. 태어나기도 전에 부모와 연결되어 있고, 태어나면서 의사의 손을 빌린다. 자라면서는 자기 내면과 올바른 관계를 맺기 위해 애쓰고, 타인과의 관계에 신경 쓰며, 공동체 안에서의 소속감에 관심을 기울인다. 나이를 먹어 가며 목표와의 관계, 공부와의 관계, 일과의 관계들이 늘어나고 추가된다.

행복한 삶이 뭐냐고? 이 모든 것과 행복한 관계를 맺으며 살아가는 것이다. 건강한 삶이 뭐냐고? 이 모든 것과의 건강한 관계를 방해하는 것들을 개선하거나 끊어 내는 것이다. 그리고 이것이 이 책의 주제다.

이 책은 행복한 삶을 위한 안내서로 우리 삶의 모든 관계를 다룬다. 일과 나의 관계, 나와 너의 관계, 나와 우리의 관계에 대해 하나씩 살펴보려 한다. 사람들은 일과 내가 어떤 관계를 맺고 있다고 좀처럼 생각하지 못한다. 친구 사이, 이웃 사이, 동료 사이는 관계라고 생각하지만, 공부, 자기 계발, 목표 추구, 습관 등도 일종의 관계라는 생각을 하지 못하는 것이다. 그러나 이런 것들도 엄연히 관계다.

그렇다면 일과 나의 사이는 어떤 관계여야 할까? 일과 건강한 관계를 맺기 위해 나는 나 자신과 어떤 관계를 맺어야 할까? 이렇게 일과 나 사이의 문제는 직업적 정체성의 문제이기도 하다. 제1부에서 다룰 내용은 바로 이 질문들에 대한 답이다.

우리는 일과 나 사이의 관계 안에서 다른 사람들을 만난다. 나라는 존재를 정립한 후, 다른 사람들을 만나는 것이다. 그럼 다른 사람들과는 어떻게 해야 건강한 관계를 맺을 수 있을까? 어떻게 해야 신뢰할 수 있고 평화로운 관계를 지속할 수 있을까? 제2부에서는 이 질문에 대한 답을 찾아볼 것이다.

일과 나의 관계 안에서 친해지고 알고 지내는 사람들이 늘다 보면, 공동체가 생기고 소속감이 생긴다. 협력, 이타적 행동, 봉사 등은 바로 이 공동체 안에서 하게 되는 것들이다. 간단한 단어들이고 어려울 게 없어 보이지만, 여기에도 쉽지 않은 문제가 많다.

언제 협력할 것인가? 어떻게 협력할 것인가? 얼마나 봉사할 것인가? 누구에게 이타적 행동을 해야 하는가? 공동체 안에서의 상처는 어떻게 치유할 것인가? 제3부에서는 이러한 질문들에 답해 볼 것이다.

부디 이 책과 여러분의 사이도 행복하고, 건강하길 소망해 본다.

경기대학교 성신관에서
이국희 씀

차례
Contents

제2부   나와 너 사이 디자인하기

제1부

일과 나 사이

디자인하기

01 | 나와 나

 복잡한 나를 편하게 수용하라

난 누구인가?

난 어떤 사람인가?

개인의 정체성을 묻는 질문이다. 단순한 걸 좋아하는 사람들은 이 질문에 단순하게 답하길 원하고, 실제로 그렇게 하는 경우가 많지만 개인의 정체성이라는 것은 결코 단순하지 않다. 어떤 사람들은 직업을 정체성이라고 생각하지만, 그럼 직업이 없을 때는 정체성이 없는 건가? 또 어떤 사람들은 자신이 좋아하는 것을 정체성이라고 생각하지만, 그럼 좋아하지 않는 것은 정체성이 아닌가?

다른 사람들은 자신의 관심을 끄는 것이 정체성이라고 생각하지만, 관심을 끌지 않는 것도 정체성일 수 있다. 정체성은 그 안에 다양한 요소가 합쳐져 있으며, 그 다양한 요소가 상호작용하기도 하는 복잡한 실체다. 그럼 왜 우리는 이 복잡한 정체성을 자꾸 단순화하려고 할까? 왜 복잡한 정체성을 복잡한 그대로 받아들이길 어려워할까?

개인적으로 우리네 의무교육에 문제가 있다고 본다. 의무교육에서 학생들은 늘 정답 찾기를 강요당한다. 사실 인생에 정답이 어디 있으며, 정답 찾기가 늘 가능한 것도 아니지만, 학교에서는 정답 찾기를 한다. 이런 우리의 교육 환경은 정답이 없는 문제에서도 또 정답을 만들어 가야 하는 문제에서조차 정답을 찾게 만드는 부작용을 낳는 것 같다. 이런 교육은 정답이 없는 문제에 대한 대응력을 낮출 뿐만 아니라 정답을 찾지 못하는 것을 불안하게 느끼도록 만든다.

이런 정답 찾기 교육은 개인들로 하여금 정답이 없는 문제이자, 다양한 요소 간의 집합인 복잡한 정체성에 대해서까지 단 하나의 정답이 있을 것이라고 착각하게 한 모양이다. 그러나 이제부터라도 우리는 정체성에 대해 올바로 이해할 필요가 있다. 정체성은 직업 하나로, 취미 하나로, 좋아하는 것 하나로, 호기심 하나로 규정할 수 없다. 이런 모든 것이 합쳐진 복잡한 존재가 나라는 존재임을 조금은 편하게 받아들일 필요가 있다.

나에 대한 단 하나의 정답이 없는 것을 불안해할 필요도 없고, 불편해할 필요가 없다. 인간은 원래 복잡하다. 물리학 법칙들은 단순하지만, 인간의 심리는 물리학 법칙이 아니다. 복잡한 것들을 하나씩 이해해 나가고 정리정돈해 나가며, 큰 틀에서 묶기도 하지만

행복을 디자인하다

작게 쪼개기도 하고, 이런 상황에서는 이렇게 저런 상황에서는 저렇게 할 수 있는 존재가 바로 나임을 이해할 필요가 있다.

청소년들에게 정답 찾기 교육은 이제 좀 그만 시켰으면 좋겠다. 정답을 찾게 하는 교육을 하지 말고, 문제를 만들고 정답도 스스로 만드는 교육이 필요하다. 정체성이 원래 그렇다. 누가 내준 문제의 정답을 맞혀 봐야 내 정체성에 대해 이해하기 어렵다. 내가 문제를 내 봐야 내 정체성에 대해 이해할 수 있고, 내가 낸 문제의 답을 내가 어떻게 찾아 나가는지를 봐야 내 자신의 복잡한 정체성에 대해 조금씩 이해할 수 있다.

아이들에게 단 하나의 정체성을 찾으라고, 발견하라고, 어른들이 만들어 놓은 시스템과 틀 안에서 인생의 정답을 찾으라고 강요하지 말라. 틀 밖에서 다양한 자기 자신과 마주치게 하고, 복잡한 자기 자신과 마주치게 하라. 이런 복잡한 특성을 가진 것이 진짜 정체성이니 말이다.

 '정체성은 발견하는 것'이라는 오래된 오류에서 벗어나기

보물찾기

어린 시절 소풍갔을 때, 누구나 한 번씩 해 보는 게임이다.

게임 진행자가 구석구석, 선물이 적힌 쪽지를 숨겨 놓으면 참여자들이 여기저기 돌아다니면서 쪽지를 찾는다. 쪽지를 찾아서 약속한 자리로 오면 선물로 교환을 해 준다. 작은 선물을 찾은 사람도 있지만 큰 선물을 찾은 사람도 있다. 기분 좋기 위해 온 소풍인데, 작은 선물을 찾은 사람은 더 크고 좋은 다른 선물을 보며 기분이 좀 씁쓸해질 때도 있다.

보물찾기는 여러모로 학교 교육과 닮았다. 숨어 있는 정답을 찾아야 하는 시험과 닮아 있고, 숨어 있는 정체성을 찾으라고 강요하는 시스템과 닮았다. 그래서일까? 성인이 된 나는 보물찾기를 좋아하지 않는다. 사실 난 두 아이의 아빠이기도 한데, 우리 아이들이 다니는 유치원이나 학교에서 보물찾기는 이제 그만 좀 했으면 좋겠다.

이런 생각을 하게 된 것에는 아주 단순하지만 중요한 이유가 있다. 바로 인생이 보물찾기처럼 풀려 가지 않으며, 개인의 정체성이라는 것이 보물찾기가 아니라는 이유다. 한국 교육의 미래를 위해서는 보물찾기 식의 교육, 특히 보물찾기 식의 정체성 교육을 바꿔야 한다. 정체성은 교육학자 에릭 에릭슨이 말한 것처럼, 발견하는 개념이 아니기 때문이다.

특히 직업적 정체성은 숨겨진 보물을 찾으면 되는 그런 성질의 것이 아니다. 오랜 시간 공을 들여 만들어 가야 하고, 오랜 시간 반복해야 하며, 오랜 시간 정교화해야 하는 것이 바로 직업적 정체성이다. 한 10년쯤 하다가 문득, '그래 이 일을 하길 잘했어.'라고 깨

닿게 되는 것이 직업적 정체성이지, 시작하기도 전에 발견하는 것이 아니라는 말이다. (시작하기도 전에 발견하고 확신한 것은 대부분 틀린 것으로 드러나기도 한다.)

정체성을 발견한다는 개념은 예상치 못한 부작용을 만들기도 한다. 정체성을 발견하려는 사람은 어쩌다 마주치게 되는 과업에서 얻을 수 있는 정체성 심화의 기회를 놓쳐 버리기 일쑤다. 느낌이 안 온다는 이유로, 재미가 없다는 이유로, 생각해 본 적 없다는 이유로, 즉 발견하지 못했다는 이유로 안 해 버리는 것이다. 그런데 이렇게 하다 보면, 평생토록 뭘 해야 할지 모르게 될 가능성도 있다. 그러나 정체성을 발전시킨다는 개념을 가진 사람은 다르다. 잘 몰라도 도전한다. 어쩌다 시작한 일이지만 열심히 한다. 포기하지 않는다. 그리고 마침내 그 일에서 뭔가 배우고, 깨달아 가면서 그 일을 점차 자신의 정체성으로 만들어 간다.

또한 정체성을 10대 때 일찍 발견하려고 한 사람들 그리고 실제로 10대 때 정체성을 발견했다고 생각하는 사람들(교사, 의사 등)은 30대 후반에서 40대 사이에 극심한 정체성 혼란을 경험하게 된다. 10대 때 너무 일찍 정체성을 정해 버린 나머지 유연성이 사라지고, 다른 방식으로 발전할 수 있었던 기회들이 날아가 버리기 때문에 나타나는 혼돈이다. 사춘기가 아닌 사십춘기가 바로 이런 것이리라.

심지어 현대의 학교 교육은 정체성을 발견하지 못한 사람을 비정상적인 사람으로, 뒤처진 사람으로 취급하는 경향이 있다. 그래서 정체성을 이른 시기에 발견하지 못한 사람은 불안해하고 걱정하고 근심한다. 아마 교사들이 비교적 일찍 정체성을 발견한 사람들(?)이기에 그런 모양이다. 그런데 이건 아시는가? 그렇게 일찍 정체성을 발견하신 교사라는 직업이 번아웃(탈진)되는 직업 순위에서 늘 상위권이라는 사실 말이다. (번아웃되는 직업 1위가 교사다.) 왜 그렇게 일찍 정체성을 발견하신 분들이 교사로서의 사명감을 유지하지 못하고 흔들릴까? 뭔가 이상하지 않은가?

이건 교사들 잘못이 아니라, 교육학에서 정체성을 발견이라고 오해했기 때문에, 그것도 이른 시기에 발견해야 하는 것처럼 오해했기 때문에 나타난 부작용이다. 교육은 정체성을 만들어 가는 데 도움을 주어야 한다. 그런데 그 교육이 정체성 형성에 도움을 주기는커녕 사십춘기를 경험하는 데 앞장서고 있는 교육이라면, 바꿔야 한다. 이론을 업데이트해야 한다. 가장 업데이트가 빨라야 할 교육 분야에서 업데이트가 가장 느린 이런 모습을 어떻게 받아들여야 할까?

여전히 보물찾기를 하는 아이들을 보며, '이건 아닌데 …….' 하는 이런 마음을 언제 품지 않을 수 있을까. 시스템을 바꿀 수 없다면, 개개인부터 정체성에 대해 제대로 알고, 나의 정체성을 천천히 점진적으로 발전시켜 나가 보자. 정체성을 모르겠다고? 정상이다! 천천히 만들어 가면 된다.

너무 이른 시기에 정체성을 알겠다고 하는 사람들이 오히려 걱정스럽다. 안다는 착각일 수 있으니 말이다. 여전히 정체성을 발견하려고 하고 있는가? 발견하지 못해 불안해하고 있는가? 그럴 필

행복을 디자인하다

요 없다. 정상이다. 지극히 정상이다. 마음을 편안하게 하라. 그리고 이제 새로운 주문을 외우라.

"정체성은 발견이 아니라 발전이다."

 '정체성은 하나여야 한다'는 거짓에 맞서기

에릭 에릭슨(Erik Erikson, 1902~1994)의 성인발달이론(adult development theory)에 따르면, 10대(청소년기)에는 정체성 찾기를 완수해야 한다. 10대에 정체성 찾기를 완수하지 못하면, 정체성 위기를 겪게 되고, 이 사회에 제대로 적응하기가 어려워지며, 결국 사회 부적응자가 되어 제대로 된 어른으로 성장하기 힘들단다. 이 이론은 교육계에 순식간에 퍼져 나갔고, 모든 10대를 책임지는 공교육(의무교육)은 더 열광적으로 이 이론을 받아들였다.

그래서 학교 다닐 때, 장래희망 직업 쓰기 같은 것을 하는 것이다. 이 이론이 처음 등장한 1960년대 무렵부터 지금까지 변함이 없다. 여전히 학교에서는 장래희망을 정해야 한다. 이런 것을 정하지 못하는 학생은 소위 꿈도 희망도 없는 아이, 정체성 확립을 제대로 못 한 아이로 취급받는다. 아무도 이 이론이 진짜 옳은 이론인지 의문을 제기하지 않는다. 그냥 당연히 모든 아이가 청소년기에 장래희망을 정하고, 대학 전공을 명확히 정해야 하는 것처럼 강요하고,

문과와 이과, 예체능을 갈라놓는다.

그런데 말이다. 이렇게 10대 시기에 장래희망 직업을 정한다고 해서 꼭 그렇게 되는가? 10대 때 대학 전공을 정한다고 그대로 전공을 살리게 되는가? 10대 때 문·이과, 예체능을 정하면, 그대로 되는 건가? 그렇지 않은 사람이 훨씬 많다. 정해 둔 장래희망 직업대로 되지 않고, 대학 전공대로 되지 않고, 문과, 이과, 예체능대로 되지 않는 것이 인생이다.

왜냐고? 10대 때 생각했던 세상과 20대 때 바라보는 세상이 다르기 때문이다. 20대에 바라보는 세상과 30대에 바라보는 세상도 다르다. 세월이 흐름에 따라 세상도 변하지만 나도 변한다. 변한 세상 자체로 인해 10대 때의 의사결정이 큰 영향을 발휘하기 어려워지고, 바뀐 나 자신으로 인해 10대 때의 의사결정이 큰 영향을 발휘하기는 어렵다.

더군다나 인생에서는 어쩌다가 시작하게 되고, 어쩌다가 접하게 되고, 어쩌다 마주치게 되는 일과 기회가 많다. 처음에는 의미도 모르고, 가치도 모르고, 내 정체성인지도 몰랐지만, 시간이 한참 지나 깨닫고 보니 내 정체성인 것 같고, 잘 선택했다고 느껴지게 되는 일들이 있다. 어쩌다 하게 되었지만 하다 보니 좋아지고, 하다 보니 잘하게 되고, 처음엔 몰랐는데 하다 보니 의미와 가치를 깨닫게 되는 일이 훨씬 많다. 어떤 TV 프로그램의 제목처럼 〈어쩌다 어른〉이 되는 경우가 많다는 것이다. 이런 인생에서 어떻게 정체성을 10대에 발견할 수 있겠는가?

행복을 디자인하다

그리고 지금 시대 자체가 문·이과, 예체능 같은 것의 경계가 모호해지는 시기다. 국문학과가 컴퓨터공학도 배워야 하고, 디자인 전공자가 통계를 배워야 하며, 건축 전공자는 심리학도 배워야 하는 시대다. 학문 간의 경계가 모호해지고, 다양한 학문을 배우고 익혀서 우리 머릿속에서(우리의 뇌 안에서) 융합되어야 하는 시대다.

심지어 에릭슨의 이론이 나왔던 1960년대와 지금은 인간의 기대수명 자체가 다르다. 1960년대의 기대수명이 60세였다면, 지금은 100세 시대다. 인간의 인생이 60세로 마감될 때는 10대 때 직업적 정체성을 분명히 하는 것이 분명 필요했고, 도움이 되었을 것이다. 그런데 이제 인간의 기대수명은 에릭슨이 살던 시대의 2배가 되었다. 산업의 구조도 달라졌고, 사람들의 생각도 달라졌다. 기대수명이 60세일 때는 평생직업이라는 개념이 가능했을지 모르지만, 이제는 평생직업이라는 개념 자체가 가능하지 않다. 길게 잡아 60세에 은퇴하고 난 뒤에도 여전히 40년을 살아야 하기에 적어도 한 번은 자신의 직업적 정체성에 변화를 주어야 한다.

더하여 대학에 가서 뭔가 하나만 전공을 할 수 있는 시대가 아니다. 복수 전공은 선택이 아닌 필수가 되어 가고 있다. 또한 분야 전문성이 심화되면서 학부생 수준으로 뭔가 전문성을 기를 수 없게 되었다. 그래서 대학마다 학·석사 통합 과정을 발 빠르게 만들어 가고 있는 것이다. 이제 학사 학위 정도로는 어디 가서 명함 내밀기도 어려운 시대가 되어 가고 있다. 배움의 시간이 길어지고 있다는 의미다. 배움의 시간이 길어진다는 것은 정체성을 형성하는 데 걸리는 시간이 계속 길어지고 있다는 의미다.

이 시대의 정체성은 꼭 한 개로 고정될 필요도 없다. 그리고 원래부터 정체성은 하나로 고정되어 있지 않다. 아빠이기도 하고, 교수이기도 하고, 작가이기도 하면서, 독서가이기도 하고, 영화 애호가이기도 하고, 유튜브 크리에이터이기도 할 수 있다. 이 모든 것이 그 사람의 정체성이다. 낮에는 회사원, 밤에는 작가로 활동할 수 있는 시대가 왔다. 낮에는 사업가, 밤에는 웹툰 작가를 할 수 있는 시대가 왔다. 주중엔 회사원, 주말엔 페인트칠 업자를 할 수도 있다. 이렇게 이 시대의 정체성은 변화무쌍하고 다채롭다.

그런데 뭐? 10대 때 직업적 정체성을 정해야 한다고? 장래희망 직업을 쓰라고? 에릭 에릭슨의 이론은 지금 이 시대와 전혀 맞지 않는다. 이론이 시대를 따라가지 못하면, 이론을 폐기해야 한다. 지금이 바로 그런 때이다. 과거의 정체성 이론을 이 시대에 맞는 이론으로 재정립해야 한다. 그리고 이 새로운 정체성 이론을 토대로 정체성이 하나로 분명히 정해져 있어야 한다는 거짓에 대항하라!

행복을 디자인하다

02 | 나와 목표

⊙ 아리스토텔레스의 유언

한국인들은 올림픽에서 양궁 선수들의 경기에 주목한다. 잘하기 때문이다. 잘해도 정말 너무 잘한다. 과녁의 중앙, 즉 10점 서클에 적중시키는 것도 놀라운데, 때로는 정중앙을 꿰뚫어 버린다. 소위 '엑스 텐(X ten)'이라고 불리는 곳이다. 과녁의 정중앙, 이 지점이 바로 양궁 선수들의 목표다. 최종적으로 도달해야 하는 지점인 것이다. 축구 선수들도 마찬가지다. 축구공을 골대 안에 도달시켜야 하고, 이것이 축구 선수들의 목표다.

이처럼 목표란 인간이 도달해야 하는 혹은 도달하고 싶은 지점이다. 물론 이런 목표가 하나만 있는 것은 아니다. 양궁에서 한 세트에 세 발씩 쏘고, 그때그때 바람의 방향이 달라지면서 조준을 새롭게 하듯이 조준해야 하는 지점은 계속 달라질 수 있다. 또한 세트가 새롭게 바뀔 때마다 표적지가 갱신되듯이 게임마다 새로운 목표가 생긴다. 축구도 한 경기만 있는 것이 아니다. 모든 경기가 다르고, 모든 경기가 새롭다. 모든 경기의 골은 새로운 골이다.

여러분은 어디에 도달하고 싶은가?
여러분의 목표는 무엇인가?

이 질문은 양궁 선수들이 맞혀야 하는 과녁의 정중앙보다 복잡하다. 축구 선수들이 넣어야 하는 골보다도 더 복잡한 것이 바로 이 질문이다. 왜냐하면, "나는 어디에 도달하고 싶은가?"라는 질문은 내 인생에 대한 질문이자 "나는 어떤 사람이 되고 싶은가?"와 관련된 질문이기 때문이다. 이런 철학적 질문의 답이 쉬울 리 없다.

사람들이 스포츠를 좋아하는 이유 중 하나는 목표가 (양궁의 과녁처럼) 분명하고, 단순하기 때문일 것이다. 그런데 인생은 그렇지 않다. 인생의 질문이 스포츠처럼 단순했다면 모두가 잘 살 것이다. 하지만 그렇지 않다는 것을 우리는 너무 잘 알고 있다. 이 세상 사람들은 모두가 잘 살지 못한다. 잘 사는 사람이 있고, 못 사는 사람도 있다. 난 어디로 가야 하는가, 난 어떤 사람이 되고 싶은가라는 어려운 문제를 앞에 둔 우리가 의지할 곳은 없는 것인가?

포기하기엔 이르다. 다행히 인류의 역사에는 훌륭한 철학자들이 있다. 인생 문제를 고민하고 또 고민하고 평생 탐구한 끝에 어떤 답에 도달한 사람들 말이다. 오늘 소개할 아리스토텔레스도 이러한 철학자 중 한 사람이다. 인생의 문제에 대해 누구보다 치열하게 고

행복을 디자인하다

민했던 사람이자, 나름의 답에 도달한 사람인 것이다. 그럼 아리스토텔레스는 후세에게 어떤 목표를 세우라고 말해 주고 있을까? 어떤 사람이 되어야 한다고 말해 주고 있을까?

그의 저서 『니코마코스 윤리학』에 그 답이 제시되어 있다. 이 답을 이야기하기 전에 여러분이 알아 두어야 할 것이 하나 있다. 니코마코스는 아리스토텔레스의 아들 이름이다. 즉, 『니코마코스 윤리학』은 아리스토텔레스가 자신의 아들에게 한 말이다. 아들에게 한 유언이다. 그 유언이 허언일 리 없다. 진심 중의 진심이고, 아들이 잘 자라길 바라는 마음, 사랑이 듬뿍 담겨 있다.

이제 『니코마코스 윤리학』의 배경도 알았으니, 아리스토텔레스가 아들에게 남긴 유언의 핵심을 알아보자. '유다이모니아(Eudaimonia)', 이 한 단어에 모든 것이 들어 있다. 아리스토텔레스는 아들에게 다음과 같이 말했다. "아들아! 너는 유다이모니아를 이루는 삶을 살아야 한다! 그것이 우리 인간이 나아가야 할 지점이고, 인간이 마땅히 해야 할 바이며, 인간이 추구해야 하는 목표다!"

유다이모니아. 뭔가 중요해 보인다. 이 말은 사람들이 보통 행복이라고 번역하는 말이다. 그럼 아리스토텔레스가 아들에게 "아들아, 행복이 최종 목표다!"라고 말한 걸까? 미안하지만, 이건 유다이모니아를 완전히 잘못 이해한 것이다. 유다이모니아는 엄밀히 말해 우리가 생각하는 행복과는 관련이 없다. 즐거움, 미소, 웃음, 기쁨 같은 쾌락적인 단어들, 쾌락적인 행복과는 완전히 무관한 것이 유다이모니아다.

유다이모니아는 딱 한 단어로 풀 수 없는 말이다. 우리말에 대응하는, 또는 영어에 대응하는 정확한 단어가 없기 때문이다. 오직 설명해야만 알 수 있다. 유다이모니아란, '내가 잘하고 좋아하는 것을 사용해서 공동체에 기여하는 사람이 되는 것'이란 의미다. 여러분이 잘하고 있는 것이 있는가? 그것을 통해 공동체가 간지러워하는 곳, 공동체의 문제를 해결하라, 그럼 유다이모니아를 달성한 것이다!

여러분이 좋아하는 것이 있는가? 그것을 통해 나만 좋고 끝나면 유다이모니아가 아니다. 좋아하는 것을 공동체에 기여하는 방식으로 사용하는 것, 그것이 유다이모니아다. 아리스토텔레스는 아들 니코마코스에게 행복하라고 말한 것이 아니다! 그는 다음처럼 말한 것이다. "아들아! 너는 네가 잘하고 좋아하는 것을 통해 공동체에 기여하는 삶을 살아야 한다! 그것이 네가 가야 할 곳이고, 네가 살아야 할 인생의 목표다!"

목표가 있다고 말하는 사람은 많다. 그러나 그 목표가 모두 아리스토텔레스가 말한 유다이모니아, 즉 진정한 목표, 모든 인류가 추구해야 하는 목표는 아니다. 공동체를 해하는 목표, 공동체에 손실을 주고 피해를 주고, 공동체 구성원을 해치는 목표는 사실 목표가 아니다. 이런 것들에는 목표라는 말을 붙여 주지 않는다. 이런 건 범죄다. 비윤리적이고, 비도덕적 행위다.

목표를 세웠는가? 그럼 그것이 유다이모니아의 정신에 입각해 있는지 점검하라. 자신의 역량을 공동체를 위해 사용하는 것, 이것이 유다이모니아이고, 우리 모두가 추구해야 할 목표다.

동사형 목표 세우기

명절에 친척들이 모이면, 40~50대 고모, 이모, 삼촌들이 10대 청소년들에게 꼭 물어보는 게 있다. "너 나중에 뭐 할 거야? 넌 뭐 하고 싶어?" 이 질문을 받은 대부분의 10대들은 뭐 하고 싶은지가 명확하지 않기에 그냥 떠오르는 것을 대충 이야기한다. 아니면, 솔직하게 딱히 하고 싶은 게 없다고 말하기도 한다. 그럼 친척들의 표정이 변한다. 잡아먹을 것 같은 표정들이다. 어떻게 그런 추상적인 이야기를 하냐는 듯 혹은 어떻게 하고 싶은 게 없을 수 있냐는 듯 계속 묻는다.

그래도 뭔가 좋아하는 게 있을 것 아냐?
너 큰일이다. 구체적으로 생각해 봐야 해.
지금부터 구체적으로 생각해 두지 않으면, 나중에 큰일 난다.
대학에서 공부하고 싶은 전공이라도 명확히 정해야지.

이런 질문을 받은 10대는 집단의 압력에 못 이겨 뭔가 직업명을 하나 이야기하게 된다. 그럼 또 친척들은 그 직업을 가지기 위해서는 어떻게 해야 하는지 아냐고 말한다. 흐음…… 내가 묻고 싶다. 그렇게 묻는 그대들은 10대 때 직업적 목표가 명확했는가? 그 직업을 가지기 위해 뭘 공부해야 하는지 명확히 알았는가? 그리고 더 정확하게는 지금 10대 때 정한 대학 전공과 직업대로 살고 있는가?

내가 많이 봐 왔다. 그리고 직접 들었다. 그리고 나조차도 그렇다. 10대 때 생각했던 직업대로 인생이 풀리지 않는다는 것을, 10대 때 생각했던 대학 전공대로 인생이 풀리지 않는다는 것을 말이다. 내가 지금 어떻게 지금 위치에 있게 되었느냐고? 어쩌다 하게 된 걸 열심히 하다 보니 이 자리에 있게 되었다. 어쩌다 생기는 기회들과 어쩌다 생기는 길들을 열심히 걸어갔더니 이 자리까지 왔다.

특별한 직업적 목표나 뭘 해야겠다는 생각을 하고 온 게 아니다. 그냥 주어진 환경에서 내가 할 수 있는 것들을 찾아서 열심히 하다 보니 보이는 길들이 있었고, 때로는 운도 따랐고, 때로는 노력이 빛을 발하면서 이 자리에 왔다. 그런데 뭐? 직업을 명확히 정하라고? 직업적 목표가 분명하지 않은 사람은 목표가 없는 거라고? 직업적 목표를 명확히 정하지 않으면 인생이 힘들어진다고?

미안하지만, 많은 심리학자가 정반대의 현상을 관찰하고 있다. 10대 때 직업적 정체성을 명확히 했던 사람들일수록 30대 후반과 40대 초반에 방황을 더 크게 한다. 10대 때 하고 싶은 것이 명확했던 사람들일수록 30대 후반과 40대 초반에 우울해지고, 슬럼프가 크게 온다. 그리고 이것을 극복하기는 매우 힘들다. 10대 때 하고 싶은 것을 명확하게 정했던 사람들일수록 사회경제적 지위가 평균보다 낮아질 확률이 높다. 쉽게 말해, 10대 때 하고 싶은 직업을 명확히 정하면, 행복해지기는커녕 불행해진다!

왜냐고? 이렇게 10대 때, 직업적 정체성이 명확하여 그것만 추구하다 보면, 인생의 다양한 기회를 놓치고, 다양한 가능성을 놓치게 되기 때문이다. 이렇게 10대 때 직업적 정체성을 정해 놓고 그것만 추구하다 보면, 유연성이 떨어져서 사회의 변화에 적응하기가 힘들어지기 때문이다. 이렇게 10대 때 직업적 정체성을 정해놓고 그것만 추구하다 보면, 그것이 좌절되었을 때 더 큰 실패감과 패배감을 맛보게 되고, 관점을 전환하여 다른 기회를 모색하기가 힘들어지기 때문이다. 이처럼 10대 때 직업적 정체성을 명확하게 정할수록 기회가 제한되고, 사회의 변화에 유연하게 대처하는 능력이 떨어지면서 불행해질 가능성이 높아진다.

그러니까. 저기요! 어른님들! 10대들에게 직업 정하라고 강요하지 마세요! 좀! 어른이 할 일은 10대들에게 직업을 정하라고 압박하는 것이 아니다. 10대들이 유연하게 사고할 수 있도록 도와주고, 10대들이 다양한 기회를 만들고, 창출해 가는 방법을 알려 주어야 한다. 어쩌다 하게 된 것들을 열심히 하는 자세를 가르쳐 주어야 한다.

목표를 정하게 하고 싶다면, 어떤 직업을 가지라고, 즉 정확한 명사형 목표를 가지라고 스트레스를 주기보다, 어떤 것을 하면서 공동체에 도움이 되고 싶은지, 무엇을 하면서 공동체에 보탬이 되고 싶은지를 물어보라. 직업을 물어보면서, 직업을 대라고 압박하면서 결국 안정적이고 돈 잘 버는 직업 중 하나를 선택하게 하지 말라. 인생은 그대로 되지 않기에, 좌절을 맛볼 뿐이다. 그냥 사회에 어떻게 보탬이 되고 싶은지를 질문하라. 공동체에 어떻게 보탬이 되고 싶은지 질문하라. 더 나은 세상을 만들기 위해 어떤 일을 하고 싶은지 질문하라.

이런 걸 동사형 목표라고 부른다. "의사가 되고 싶어요."라고 말하게 하지 말라! "사람들의 건강을 지키면서 더 나은 세상을 만들고 싶어요."라는 동사형 목표를 가지게 하라. "선생님이 되고 싶어요."라고 말하게 하지 말라! "아이들에게 내가 아는 것을 잘 가르쳐 주면서 도움이 되고 싶어요."라는 동사형 목표를 가지게 하라.

그리고 동사형 목표를 달성하는 방법에는 여러 가지가 있음을 알려 주라. 가능성은 여러 가지고, 길을 여러 가지며, 때로는 돌아갈 수도 있음을 알려 주라. 모든 길은 로마로 통하지만, 로마로 가는 길은 결코 한 가지가 아니다! 의사는 한 가지 직업일 뿐, 가능성이 아니다. 이런 단편적인 직업적 정체성은 무너지기 쉽고, 이루어지지 않을 가능성이 더 높다. 그러나 사람들의 건강을 지켜 주는 사람은 꼭 의사가 아니어도 된다. 맛있는 음식을 만들어 주는 사람도 사람들의 건강을 지켜 주는 사람이고, 누군가를 위해 비누나 샤워 용품을 개발하는 사람도 사람들의 건강을 지켜 주는 사람이고, 깨끗한 환경을 만들기 위해 청소를 하는 사람들도 사람들의 건강을 지켜 주는 사람이다.

행복을 디자인하다

동사형 목표는 이런 다양한 가능성을 보게 해 주면서 다양한 가능성들을 모색할 수 있게 도와준다. 10대의 목표가 직업이 되는 순간, 인생의 허리에 해당하는 30~40대에 더 큰 혼란을 겪는다는 것을 명심하라. 그리고 10대들에게 이렇게 질문하라.

더 나은 세상을 만들기 위해 무엇을 하고 싶니?

03 | 나와 인생

 전공 따지지 말고, 기회를 주는 곳으로 가라

　대학 홈페이지를 들여다보면, 전공별로 어떤 진로를 선택할 수 있는지가 기술되어 있는 경우가 많다. 전공의 명칭 자체가 어떤 직업을 상징하는 경우도 많다. 시각디자인학과, 시각디자인을 해야 할 것만 같다. 건축학과, 꼭 건축을 해야 할 것만 같다. 애니메이션학과, 애니메이션을 꼭 만들어야 할 것만 같다. 흐음…… 이쯤에서 한 가지 의문이 든다. 인생이 이런 식으로 풀리던가?

　사람들이 착각하는 것이 있다. 의대에 가면, 다 의사가 되는 건가? 의대생들에게 물어보라. 의대에 가는 것과 의사가 되는 것이 정확하게 같다고 볼 수 있느냐고. 아니라는 대답이 돌아온다. 디자인학과에 들어가는 것과 디자이너가 되는 것이 똑같은가? 그럼 역사학과에 들어가면, 할 일이 역사 교사밖에 없는 것인가? 대학에서 인문학을 배우면, 취업이 안 된다고? 왜? 인문학과 취업 분야를 마땅히 연결시킬 게 없다고? 이런 게 바로 고정관념이다.

인문학을 배웠으면, 모두가 작가로 데뷔해야 하고, 시인이 되어야 하는가? 그런데 그렇게 될 수 있는 확률이 낮으니까 인문학은 하지 말라고? 무슨 이상한 소리들을 하는지 알 수가 없다. 우리 좀 솔직해지자. 진짜로 경영을 하기 위해서 혹은 회계사가 되기 위해서 경영학과에 갔는가? 대학 원서를 그런 식으로 제출했느냐는 말이다. 그냥 어쩌다 고등학교 선생님이 원서를 써 준다고 하니까 쓰는 경우도 있고, 내신과 수능 성적에 맞춰 보니까 쓸 수 있을 것 같아서 쓰는 경우도 있으며, 그나마 가장 나은 것 같으니까, 무난하니까 쓰는 경우도 있다.

쉽게 말해 대학 전공은 대부분 어쩌다가 정하게 된다는 소리다. 뭔가 선택을 해야겠고, 마감 기한은 다가오고, 의사결정은 해야겠고, 그래서 진짜 깊이 있는 고민을 통해 선택했다기보다 어쩌다 정한다. 물론 이에 반발하는 사람도 있다. 나는 진짜로 깊게 고민하고, 소신 지원했다는 것이다. 좋다. 인정한다. 그런데 그래서 그 전공을 살린 일자리를 구하거나, 사업을 하거나, 관련된 업종에서 종사할 수 있을 것 같던가? 미안한데, 그러지 못할 확률이 무지막지하게 높다.

그걸 어떻게 아냐고? 좋다. 설명해 주지. 소신 지원하여 전공을 정한 사람이 4학년이 되어, 취업 시장에 뛰어들었다고 가정하자. 이력서와 자기소개서를 몇 개 정도 써야 면접을 볼 수 있는 기회가 주어질까? 10개? 20개? 아, 그래 인심 썼다. 한 30개? 이 사람들이…… 세상 물정 모르네. 평균적으로 150개에서 200개 정도를 쓰면, 한두 곳에서 연락을 받게 된다. 그것도 이력서와 자기소개서를 상당히 정성스럽게 썼을 때 이야기다. 200개 정도 되는 회사의 취업 공고를 보고, 직무를 분석한 후, 이력서와 자기소개서 200개를 모두 다르게 썼을 때, 두 곳 정도에서 면접 기회를 얻을 수 있다.

자, 또 이야기하겠다. 이렇게 150~200개 정도의 이력서와 자기소개서를 쓰는 동안 자기 전공을 살릴 수 있을까? 미안한데, 그런 식으로 고르고 있다간 기회를 얻는 것 자체가 불가능할 것이다. 전공 관계없이, 비슷하다 싶으면 어떻게 해서든 스토리텔링하고, 경력을 끼워 맞춰서라도 지원해야 한다. 전공 같은 소리 하고 있네……. 이렇게 해서 두 곳 정도에서 연락이 오는 것이다. 대부분 정말 의외라고 생각했던 곳에서 연락이 온다. (미리 마음의 준비를 하라. 전공 분야에서는 연락이 안 올 것이다.) 그리고 그 두 곳의 면접에서 붙어서 최종 합격할 확률은? 아마 둘 중 한 곳 정도만 최종 합격 통지를 받을 것이다.

자. 그런데 뭐? 전공을 살려? 이쯤 되면, 대학의 전공을 어쩌다 선택하게 되었듯이 직업적 정체성, 직업적 목표도 어쩌다 생긴다고 보는 것이 맞을 것이다. 붙는 곳에 가는 것이고, 나에게 기회를 주는 곳에 가는 것이다. 기회가 있는 곳, 기회를 주는 곳에 가서 시작해야 한다. 길을 만들면서 간다고 해야 정확한 표현일 것이다. 사회생활이라는 것이 그렇다. 없는 길을 만들면서 가는 것이 사회생활이고, 내 정체성을 발전시켜 가는 과정이다.

그렇게 설마 내가 할 것이라고 예상하지 못한 일을 시작하게 된다. 그럼, 그것을 열심히 배우라. 열심히 해 보라. 그렇게 2년, 3년 그 이상을 하다 보면 뭔가 이상함을 느낄 것이다. 분명히 전공을 살려서 일한 것은 아닌데, 사실 전공에서 배운 것들을 응용하고 있는 것도 생긴다. 세상에 태어나서 배운 것들이 무슨 일을 하든 다 쓸모가 있다는 것을 알게 된다.

그리고 일을 잘하게 됨에 따라 이제 이 일이 내 적성인 것 같이 느껴진다. 그것이 바로 정체성이 발전한 순간이다. 그렇게 10년쯤 하다 보면, 이 일을 선택하길 잘했다는 생각도 든다. 이런 것이 바로 직업적 정체성이다. 발견이 아닌, 발전인 것이다. 주어진 것 안에서 나의 의사결정과 선택 안에서 최선을 다하라. 자기 나름대로 계획을 세우는 것도 좋다.

그러나 우연의 힘도 있다는 걸 잊지 말라. 그리고 계획 안에 있었든 없었든 기회가 주어지는 곳으로 내 발걸음을 옮기라. 고민한다고 해결되지 않는다. 기회가 열리는 곳으로 발걸음을 옮길 때, 또 다른 세상이 열리고, 또 다른 길도 열릴 것이다.

행복을 디자인하다

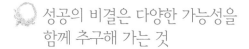
성공의 비결은 다양한 가능성을 함께 추구해 가는 것

사람들은 둘 중에 하나를 고르는 것을 좋아한다. 엄마가 좋아, 아빠가 좋아~? 이걸 꼭 골라야 하나? 그냥 둘 다 좋아! TV에 나오는 밸런스 게임도 마찬가지다. 짜장이 좋아, 짬뽕이 좋아~? 양념 치킨이 좋아, 프라이드 치킨이 좋아~? A연예인이 좋아, B연예인이 좋아~? 마치 인생에서는 이런 선택에 직면하게 되는 경우가 많고, 반드시 둘 중 하나를 선택해야만 한다고 강요하는 모양새다.

그런데 이런 밸런스 게임이 우리 인생을 보여 주는 게 맞을까? 인생에 다양한 선택이 있는 것 자체는 맞는 말이다. 내가 문제 삼고 싶은 것은 인생의 선택이 이렇게 둘 중 하나, 아니면 셋 중 하나, 그리고 마치 객관식 시험문제처럼 사지선다나 오지선다 중에서 하나를 고르면 되는 그런 문제가 맞느냐는 것이다. 아쉽게도 인생은 밸런스 게임처럼 둘 중 하나 고르는 방식으로 이루어지지 않는다. 객관식 시험문제의 정답을 찍을 때처럼 네 가지, 다섯 가지 선택지 중에 하나만 정답인 그런 경우는 드물다.

이런 측면에서 볼 때, 밸런스 게임은 우리 인생의 축소라기보다는 우리 인생을 왜곡시킨다. 실제 선택을 할 때, 한 개인의 앞에 있는 선택지는 가능성의 형태로 존재한다. 모든 것이 가능성일 뿐이다. 어느 것이 더 좋다고 볼 수 없다. 그러니까 고민하는 것이다. 개인이 고민하지 않는 문제는 선택이라고 부를 수 없다. 그건 그냥 의사결정이나 판단을 한 것이고, 내 태도나 선호 혹은 신념을 표현한 것이지 선택이 아니다.

고민하는 선택지들은 항상 가능성이기에 고민이 되는 것이다. 이럴 수도 있고 저럴 수도 있고, 어떻게 이야기가 전개될지 명확하지 않기에 고민이 된다. 대학생들을 대상으로 진로를 지도하다 가장 많이 받는 질문과 그에 대한 나의 답변 몇 가지를 소개하고자 한다.

⌘⌘⌘⌘⌘⌘⌘⌘⌘⌘⌘⌘⌘⌘⌘

Q1 경영학과 OO 군의 고민 사연

"교수님. 제가 좋아하는 것과 제 전공이 다릅니다. 이력서와 자기소개서를 쓸 넣을 때, 좋아하는 분야로 넣어야 할까요, 아니면 전공을 살려야 할까요? 둘 중 하나를 골라야 할 텐데 고민입니다."

A1 나의 답변

"이 사람아. 둘 다 해야지! 그리고 그 이상을 해야지! 내가 좋아하는 것, 전공, 전공을 활용할 수 있어 보이는 모든 것에 대해 가능성의 끈을 붙잡고, 같이 준비해야 하네. 어떤 것은 사업으로 준비하고, 또 어떤 것은 회사 생활로 준비하고, 다른 것은 프리랜서로 돈 벌 준비를 해야지. 어떤 것에서 인생이 풀릴 줄 알고, 한 가지로 압축하려고 하는가?"

행복을 디자인하다

Q2 컴퓨터공학과 OO 양의 고민 사연

"교수님, 제가 하고 싶은 것이 있는데, 부모님은 그것을 반대하십니다. 제가 하고 싶은 것과 부모님이 원하시는 것 중 어떤 걸 선택해야 할까요?"

A2 나의 답변

"이 친구야, 둘 다 해야지! 그리고 그 이상을 해야지! 내가 원하는 것, 부모님이 원하는 것, 그 두 가지를 활용할 수 있는 모든 것에 대해 가능성의 끈을 붙잡고, 같이 준비해야 하네. 어떤 것은 사업으로 준비하고, 또 어떤 것은 회사 생활로 준비하고, 다른 것은 프리랜서로 돈 벌 준비를 해야지. 어떤 것에서 인생이 풀릴 줄 알고, 한 가지로 압축하려고 하는가? 특히 부모님이 원하시는 것은 잠깐이라도 하면서 안심시켜드리는 것이 중요하네. 그래야 자네가 하고 싶은 걸 더 잘 준비할 수 있을 것이야."

질문의 성격이 조금 달라 보이지만 나의 대답은 한결같다. 이것이 현실이고, 현실에서 일어나는 보편적인 현상, 즉 심리학적 현상이기 때문이다. 현실에서 모 아니면, 도식으로 인생이 풀리는 일이 있을 것 같은가? 다양한 가능성을 바라보면서 준비하고 추구해 나가야 한다. 어디서 어떻게 인생이 풀릴지 모르기 때문이다.

현실에서 찾기만 하면 되는 개구리 왕자가 내 앞에서 알짱거릴 것 같은가? 찾기만 하면 개구리 왕자에서 백마 탄 왕자가 될 사람이 내 근처에 있어서 잘 고르기만 하면 될까? 미안한데, 그런 일은 생기지 않는다. 현실은 모든 개구리에게 키스를 해 봐야 그중에 하나가 백마 탄 왕자로 바뀌는 스토리다. 어디에서 어떤 방식으로 인생이 풀려 갈지 모른다. 그래서 모든 가능성을 붙잡고 준비해서 나아가야 한다.

특별한 것 한 가지를 정해 올인하는 것은 진정으로 도움이 되는 목표 추구 방식이 아니다. 다양한 과녁을 두고, 다양한 가능성을 열어 놓고, 다양한 과녁에 다양한 화살을 준비하여 조준한 후에 쏴야 한다. 하나의 축구장에 하나의 축구 골대와 하나의 공만 준비해선 안 된다. 다양한 축구 경기장에 여러 골대와 많은 공을 준비해 두어야 한다.

사업을 하고 싶다고? 사업 자금은 어디서 나오는가? 대출이 점점 어려워지는데……. 회사 생활을 하면서 돈을 벌면서 사업을 준비해야 한다. 안정적으로 연소득을 올리면서 대출도 받을 수 있는 상태가 되어야 한다. 그리고 가능하면 사업과 회사 생활을 일정 기간 병행해야 할 것이다. 사업이 궤도에 오르고 안정적으로 되기 전까지 말이다. 사업하겠다고 회사를 확 그만두고 사업에만 올인을 하겠다고? 그러니까 망하는 거다.

이런 걸 심리학자들은 위험 포트폴리오 관리(risk portfolio management)라고 부른다. 다양한 가능성을 모두 붙잡고 가는 것

행복을 디자인하다

이 진정한 목표 추구다. 경기장을 하나만 만들지 말라. 다양한 경기장에서 플레이하라. 어디서 어떻게 골이 들어갈지는 두고 볼 일이다.

04 | 지금의 나와 성장할 나

 대부분의 노력은 평범하다

"둘 중 무엇이 진짜인가, 혹은 중요한가, 그도 아니면 핵심인가?" 이런 식의 논쟁은 인류와 함께해 온 논쟁이다. 지금 할 이야기도 이 중 하나와 관련된다. 바로 재능과 노력에 대한 논쟁이다. 성공하기 위해서는 재능이 중요한가, 노력이 중요한가? 성공하려면 재능이 전부인가, 노력이 전부인가?

어떤 이는 재능이 전부이고, 중요하다고 주장한다. 그리고 노력하는 사람들에게 재능은 주어져 있으며, 변하지 않기에 노력해 봐야 소용없다고 한다. 다른 이는 노력이 전부라고, 노력이 중요하다고 주장한다. 그리고 재능만 신봉하는 이들에게 노력으로 재능은 얼마든지 개발될 수 있다고, 재능은 변화되는 것이라고 말한다. 그렇게 노력을 깎아 내릴 시간에 공부를 하라고 말하기도 한다.

누구 말이 맞는 걸까? 사실 둘 다 틀렸다. 둘 중 하나를 고르는 식의 모든 논쟁의 정답은 대부분 '둘 다 중요하다'니까. 재능 대 노력 논쟁도 마찬가지다. 성공하려면 둘 다 중요하다. 그리고 상황에 따라, 더 정확하게는 내가 성공하려는 분야가 무엇인지에 따라 중요도가 조금씩 달라진다.

체조나 수영, 다이빙, 육상 분야에서 올림픽 금메달을 따고 싶은가? 혹은 프로 스포츠 선수나 뛰어난 건축 디자이너, 패션 디자이너, 배우, 뮤지션으로 돈을 벌고 싶은가? 재능과 노력 둘 다 중요하다. 그런데 이런 분야에서는 재능이 좀 더 중요한 편이다. 해당 분야에 최적화된 신체조건 등도 재능에 포함되기 때문이다. 여기서 노력은 특정한 한두 가지 재능(운동 기술이나 예술적 감각)을 갈고닦는 노력이 된다. 한두 가지 능력치를 세계 최고 수준으로 만들려는 노력이라고 할까.

그런데 이런 식으로 재능이 더 중요한 분야는 극소수다. 모두가 올림픽 메달리스트가 될 수는 없고, 그럴 필요도 없다. 학문적으로도 마찬가지다. 모두가 노벨상 수상자일 수는 없고, 그럴 필요도 없다. 그냥 망하지 않을 만한 사업 하나 하거나, 직장에 다니면서 국민 평균 연봉 정도 벌고, 평범하게 집 한 채 가지고, 차 한 대 몰면서, 휴가철에는 휴가 즐기고, 평범하게 가정을 꾸리고 사는 정도도 충분히 성공이고, 이 정도만으로도 인간은 충분히 행복하고 만족하며 살 수 있다.

문제는 이런 평범하면서도 성공한 삶이 쉽지 않다는 것이다. 그럼 이렇게 평범하게 성공한 삶에서 재능과 노력 중 어느 것의 비중이 좀 더 높을까? 오해를 피하기 위해 일단 재능과 노력 둘 다 중요하다는 것을 전제로 하겠다. 그런데 비중 측면에서 노력이 조금 더 중요하다.

여기서 노력은 올림픽 메달리스트의 노력과는 다르다. 올림픽 메달리스트에게 필요한 노력이 재능을 갈고 닦는 것이라면, 평범한 삶에 필요한 노력은 성실함과 끈기, 인내, 투지 같은 것이다. 매일매일 해야 하는 일과 공부를 하루도 빼먹지 않고 반복하는 것이다(루틴과 리추얼). 티도 안 나는 집안일이나 청소 같은 일을 계속 해내는 것이다. 처음에는 힘들지만, 나중에는 익숙하게 만드는 것이다. 이것저것 신경 쓸 것이 많은데, 그런 것을 계획적으로 차근차근 처리하는 것이다. 매일매일 자신을 가꾸고 관리하고 조절하는 것을 해내는 것이다. 인간이라면 누구나 가지고 태어나는 능력들 중 내 삶의 환경에 맞는 조합을 찾고, 그런 조합을 발전시키기 위한 노력이다. 특정한 능력이 아니라, 다양한 능력치를 골고루 발전시키고 성장시키는 노력이다.

다른 말로 하면, 특정한 것만 90점, 100점 받는 노력이 아니라, 다양한 능력치를 80점 이상으로 끌어올리는 노력이다. 90점, 100점인 능력이 없어도 괜찮다. 그냥 전반적으로 80점 이상이면 된다.

그런데 사람들은 모두 올림픽 메달리스트가 되는 것만을 성공으로 보는 것 같다. 사실 올림픽 메달리스트는 통계적으로 아웃라이어다. 특이한 사람들이다. 이런 특이한 사람들만 보고 있어 봐야 내 삶에는 별로 도움이 되지 않는다. 그리고 이런 사람들이 하는 노력을 보고 있어 봐야 노력도 재능이 있어야 하는 것이라는 생각밖에 안 든다.

그러나 우리는 이런 사람들을 볼 필요가 없다. 본다고 해도 크게 신경 쓸 필요가 없다. 이 세상에는 그냥 평범하게 보통으로 성공하는 사람들이 더 많고, 우리도 그럴 가능성이 더 높다. 우리가 봐야 하고 배워야 하는 것은 그렇게 그냥 평범하게 성공한 사람들과 그들의 노력이다.

올림픽 금메달을 딸 사람들에게는 미안하다. 그러나 나는 그런 사람들에게 관심이 없다. 사실 대부분의 심리학자도 그런 특이하고 특별한 사람들에게 관심이 없다. 심리학은 평범한 보통의 사람들이 어떻게 살아가는지에 대한 학문이지 특이하고 특별한 사람들에 대한 학문이 아니기 때문이다.

나는 이 글을 읽는 독자 여러분도 심리학자처럼 생각했으면 좋겠다. TV에 나오는 사람보다는 TV에 나오지 않는 사람에게 주목하자. 진실은 TV에 나오지 않는 사람들에게 있으니까.

행복을 디자인하다

지능과 재능의 발전과 성장 인정하기

현대 심리학의 중요한 성과 중 하나는 보이지 않는 태도가 보이는 결과나 성과에 미치는 효과들을 확인했다는 것이다. 물론 이런 발견들이 아주 새로운 것은 아니다. 호모 사피엔스 조상들은 인간이 가진 태도가 성취에 미치는 영향을 이미 알고 있었다.

성경에 있는 "믿음대로 된다."라는 말, 우리말 속담에 있는 "말이 씨가 된다."는 말, 고대 히브리어로 마법 주문처럼 쓰이는 "아브라카다브라(내가 말할 때 창조가 이루어진다.)!"까지 모두 태도가 성취에 미치는 영향을 암시하는 말들이다.

그럼 우리 인생의 성공, 성취, 성과에 영향을 미치는 중요한 태도는 무엇이 있을까? 정답은 지능 혹은 재능에 대한 태도다. 지능 혹은 재능이란 그 사람이 사는 시대에서 성공할 수 있게 해 주는 자질들의 집합을 말한다.

여러분은 이것이 변할 수 있다고 생각하는가? 더 정확하게는 이런 지능과 재능이 노력을 통해 발전하거나 변할 수 있다는 태도를 가지고 있는가? 아니면 아무리 노력해 봐야 타고난 지능과 재능을 바꾸기 어렵다는 태도를 가지고 있는가?

물론 뇌과학 분야에서 두뇌 가소성(노력하고 공부하는 것에 따라 우리 뇌의 신경구조가 바뀌는 것)이라는 우리 뇌의 능력을 확인한 이후로 과학계에서는 우리의 지능이나 재능이 바뀔 수 있다는 것을 안다. 즉, 지능이나 재능이 노력을 통해 변한다는 것은 과학적 사실이다. 그러나 대중의 믿음은 과학적 발견을 따라오지 못하거나, 알아도 인정하지 않는 경우가 많다.

별것 아닌 개인의 신념 차이라고 생각하지 마시라. 개인이 가진 신념 중에 별것 아닌 신념은 없다. 그 신념이란 것 때문에 전쟁이 나기도 하니 말이다. 지능에 대한 신념은 전쟁까지는 아니어도, 개인의 인생에 심대한 영향을 미칠 수 있다.

먼저 지능이나 재능이 변할 수 없다고 믿는 사람들부터 살펴보자. 캐럴 드웩(Carol Dweck)이라는 사회심리학자에 따르면, 이런 사람들은 고정 마인드셋(fixed mindset)의 소유자다. 고정 마인드셋의 소유자들은 몇 가지 특징이 있다. 첫째, 이 사람들은 결과주의자이다. 결과가 전부라고 생각한다. 과정? 그딴 것은 중요하지 않다. 이런 결과주의자들은 좀 위험하다. 주변에 이런 사람들이 있다면 피하는 것이 좋다.

왜냐고? 이런 결과주의자들은 좋은 결과를 위해 수단과 방법 가리지 않을 수 있는데, 당신 주변에 이런 사람들이 있다면 당신도 이런 결과주의자들의 희생자가 될 수 있기 때문이다. 스포츠 분야에서 도핑 테스트에 걸리는 사람들은 주로 이런 고정 마인드셋, 그로 인한 결과주의자들일 가능성이 높다. 노력으로 안 된다고 생각하니 약물을 쓰는 것이다.

둘째, 이 사람들은 당장 할 수 있는 능력이 안 되는 어려운 과제에 도전하지 않는다. 학교에서도 어려운 과목(수학, 과학)에서 성적이 낮다. 포기했기 때문이다. 일이 잘 풀리지 않으면, 재능이 없다

행복을 디자인하다

고 여기며 좌절하고 무기력해지며 우울해진다. 심지어 이런 좌절감과 열등감, 우울감에 빠져 있는 시기가 길다. 회복탄력성이 낮은 것이다. 고정 마인드셋인 사람들 중에 우울증 환자가 많은 것은 우연이 아니다.

셋째, 이 사람들은 하향 비교를 많이 한다. 절대 상향 비교를 하진 않는다. 상향 비교를 하는 순간 자존감이 낮아지고, 열등감을 느끼고, 우울해지기 때문에 자기보다 잘하는 사람이 있는 곳에 얼씬도 하지 않으려고 한다. 항상 자기보다 못하고 열등한 사람들과 함께 하면서 우월감을 느끼고 싶어 한다. 사실 상향 비교도 어느 정도 해야 발전도 있고, 진보도 있고, 롤모델도 생기고 하는 것인데, 이 사람들은 오직 자기보다 열등한 사람들과 어울리면서 그 알량한 자존심을 지키려고 한다.

그러나 재능과 지능이 노력을 통해 변할 수 있다고 믿는 사람, 노력하면 재능과 지능이 심화되고 진보한다고 믿는 사람들은 전혀 다르다. 캐롤 드웩은 이런 사람들을 성장 마인드셋(growth mindset)의 소유자라고 표현한다. 이 사람들의 특성을 살펴보자.

첫째, 이 사람들은 과정을 중요하게 생각한다. 결과가 나빠도 과정에서 배운다. 이런 사람들과 함께 일하면 즐겁다. 이런 사람들이 리더이면 부하 직원들이 참 행복해한다. 결과가 조금 나빠도 불안해하지 않아도 되고, 마음껏 일할 수 있기 때문이다.

둘째, 이 사람들은 어려운 과제에 도전하길 즐긴다. 지금은 좀 어렵게 느껴지더라도 노력을 통해 얼마든지 나아질 수 있다고 믿고 노력한다. 그래서 학교에서도 어려운 과목(수학, 과학)의 성적이 높다. 포기하지 않고 도전하기 때문이다. 일이 잘 풀리지 않아도 배운 게 있다고 느끼고, 시행착오를 통해 수정할 것이나 개선할 점을 찾으며, 실제로 개선해서 다시 도전한다. 실패해도 좌절하지 않고, 용기를 잃지 않으며, 사실상 실패를 실패라고 규정하지 않고, 배움으로 규정한다. 너무 당연하게 회복탄력성이 높고, 우울증이나 무기력감에 잘 빠지지 않는다.

셋째, 이 사람들은 비교를 하지 않는다. 일단 이들은 하향 비교를 할 필요를 잘 느끼지 못한다. 굳이 비교를 해야 할 상황이라면 상향 비교를 하는데, 그걸 상향 비교라고 규정하지 않고, 롤모델, 즉 배울 점이 있는 사람에게 배운다고 인식한다. 이들은 자기 자신이 어제보다 더 나아졌는지, 한 달 전보다 더 나아졌는지에 관심이 있지, 타인이 자신보다 얼마나 잘하는지 아닌지에는 별 관심이 없다.

또한 이들은 내가 오늘보다 내일 더 나아지려면 어떻게 해야 하는지에 관심이 있지, 누군가가 나보다 잘하는 상태인지 아닌지를 중요하게 생각하지 않는다. 자신도 얼마든지 성장할 수 있고 발전할 수 있기 때문에 오히려 자신보다 뛰어난 상태에 있는 사람을 발견했을 때 기뻐하기도 한다. 그리고 그걸 목표가 생겼다고 표현한다.

여러분 생각에는 고정 마인드셋과 성장 마인드셋 중 누가 더 성공할 것 같은가? 누가 더 소득이 많을까? 누가 더 행복할까? 누가 더 신체적으로 건강할까? 이 모든 질문의 답은 성장 마인드셋이다. 지능과 재능의 변화 가능성에 대한 보이지 않는 믿음의 차이가 인생에서 엄청난 차이를 만들어 버린다.

이런 현상은 뇌에서도 나타난다. 지능과 재능이 변할 수 없다고 생각하는 사람은 실제로 공부를 덜 한다. 그러다 보니 뇌가 충분히 발전할 수 있음에도 불구하고 발전하지 못해 지능이 낮아진다. 반대로 지능과 재능이 변할 수 있다고 생각하는 사람은 상대적으로 공부를 열심히 한다. 그러다 보니 뇌가 충분히 발전하고, 진보하고, 가소성이 최대로 발휘된다. 그래서 지능이 높아진다. 지능에 대한 생각의 차이가 실제 지능의 차이가 된 것이다.

여러분은 어떤 사람인가? 재능이나 지능이 고정되어 있다고, 타고난 게 전부라고 믿으면서 비교나 하고, 성공을 위해서는 수단과 방법 가리지 않아야 한다고 생각하는 그런 사람인가? 아니면, 자신의 성장과 진보 가능성을 믿고, 노력하면서 결과보다는 과정을 중요시하고, 모든 것에서 배울 점을 찾으며, 마침내 좋은 방법으로 공동체에 기여하여 성공하는 그런 사람인가?

나는 여러분이 후자였으면 좋겠다.

05 | 비교하지 않는 사이

 할 수 있는 걸 하며 기뻐하는 삶

20대 대학생들과 상담을 하다 보면, 자존감(self-esteem)이라는 말을 많이 듣는다. "교수님. 제가 자존감이 낮은데, 어떻게 해야 높일 수 있나요?" 이런 식이다. 10대 청소년들에게 자신의 단점을 써 보라고 했을 때, 개인적으로 가장 많이 확인한 단점이 '자존감이 낮다'다. 30대 정도의 대학원생들에게서도 많이 듣는다. "지도교수님과 회의만 하고 나오면 자존감이 바닥을 칩니다!" 이런 개인적인 관찰 결과를 종합해 보면, 10대 후반, 20대, 30대까지는 자존감에 문제가 있는 것 같고, 40대 이상부터는 자존감에 문제가 없는 모양이다. (40대 이상에게서는 자존감이 어쩌니 저쩌니 하는 이야기를 잘 듣지 못했다.)

신기한 것은 이런 개인적인 관찰 결과가 다수의 표본을 대상으로 한 과학적인 연구결과와 일치한다는 것이다. 행복과학 분야에서 굉장히 유명한 연구결과이자, 문화권과 관계없이 반복 관찰되는 결과인데, 바로 행복의 U자형 생애주기라는 것이다. X축에 연령을 놓고, Y축에 행복(자존감이라고 해도 좋다)을 놓으면 'U'자 모양의 곡선이 나온다.

왜 U자 모양이 나오냐고? 10대 초반에는 자존감이 무척 높다. 초등학생 시기부터 해서 중학교 1학년 정도까지다. 그런데 중학교 2학년부터 해서 자존감의 급격한 하락이 나타나기 시작한다. 고등학교 때는 점점 더 떨어진다. 대학생 때는 점점 더더 떨어진다. 30대 때는 점점점 더더더 떨어진다. 그런데 거짓말처럼 40대부터 회복이 시작된다. 50대 때는 자존감이 쭉쭉 올라가고, 죽을 때까지 자존감이 계속 상승하다가 생을 마감한다. (물론 신체적 건강을 잘 유지한다는 전제가 필요하다.)

대중이 이런 구체적인 연구까지는 몰랐다 하더라도 행복 연구가 본격화되면서 행복과 영향을 주고받는 개념인 자존감, 때로는 행복과 동의어로 쓰이는 자존감에 대한 관심도 계속 높아지고 있다. 특히 우리나라는 OECD 가입국가 통계에서 성인과 청소년 자살률 1위를 놓치지 않고 있기에 자살률과 관련이 있어 보이는 낮은 자존감에 특히 더 관심이 많다.

도대체 자존감이 뭘까? 국어사전의 정의는 다음과 같다.

"스스로 품위를 지키고 자기를 존중하는 마음"

역시 애매모호하다. 품위라는 말부터 의문이 든다. 그래서 좀 이해하기 쉽게 '개인이 인식하는 주관적 지위'라고 하면 좋겠다. 객관적 지위가 아니라, 주관적 지위라는 것이 중요하다. 즉, '내가 이 정도면 괜찮게 살고 있네.'라는 주관적인 느낌이 자존감이다. 영어 단어에서는 'decent(디센트)'라는 단어가 정확하겠다.

다음으로, 자신을 존중한다는 건 뭘까? 심리학자들이 좋아하는 표현으로 바꾸어 보자면, '자신의 장점만이 아니라, 약점과 단점도 수용하고 개선하려는 마음가짐'이다. 존중이라고 하니까 그냥 다 '우쭈쭈' 해 주는 거라고 생각하면 착각이다. 존중은 현실을 직시할 때 나온다. 나에 대해 올바로 볼 수 있어야 나를 존중할 수 있다. 나의 단점과 약점을 회피하는 것은 나를 존중하는 것이 아니다. 오히려 나에게서 멀어지는 것이다.

나를 존중한다면, 나를 올바로 봐야 한다. 나의 단점과 약점까지 올바로 수용해야 한다. 그리고 단점과 약점을 어떻게 개선해 나갈지 고민하면서 자신의 성장 가능성에 기뻐해야 한다. 이렇게 '자신의 약점과 단점을 수용하고, 개선 방법을 찾으며, 성장 가능성에 즐거워하는 것' 이것이 바로 심리학자들이 자기 수용(self acceptance)이라고 부르는 개념이다.

이제 종합해 보자. 자존감이 뭘까?

현재 자신의 역량 안에서 할 수 있는 것들을 하면서 이 정도면 괜찮은 삶을 만들어 가고 있다고 느끼고, 자신의 약점과 단점을 수용

하며, 그것을 어떻게 개선할지 고민하고, 자신의 성장 가능성과 잠
재력에 즐거워하는 것

이것이 자존감이다. 자신의 현재 역량 안에서 (역량이 낮은지 높
은지는 문제가 아니다) 할 수 있는 걸 하고 있는가? 그렇다면 자존감
이 높을 것이고, 아니라면 자존감이 낮을 것이다.

그래서 나는 낮은 자존감에 대해 질문하는 대학생과 청소년에
게 이렇게 반문한다. "네가 할 수 있는 것들을 하고 있니?"라고 말
이다. 자신의 약점과 단점, 부족한 점, 개선할 점을 인식하고, 개선
하기 위한 구체적 계획을 세워 나가고 있는가? 동시에 자신의 성
장과 진보(성취감과 보람)를 매일매일 경험하면서 기뻐하고 즐거워
하고 있는가? 그렇다면 자존감이 높을 것이고, 아니라면 자존감이
낮을 것이다.

보라. 자존감은 나의 문제이며, 나와 관련된 정의와 개념, 태도
다. 'self'라는 말 자체가 그렇지 않은가? 자존감은 타인(other)과 관
계가 없는 개념이다. 그런데 자존감이 바닥으로 떨어지는 10대 후
반부터 30대는 자꾸 이런 실수를 한다. 타인과의 비교로 낮아진 자
존감을 높이려는 실수 말이다.

자존감은 그 정의부터 타인과 별 관련이 없다. 나를 정의해야 하
고, 나를 올바로 봐야 한다. 타인과 관계없이 내 역량으로 할 수 있
는 걸 해야 높아지는 것이 자존감이고, 타인과 관계없이 내 성장 가
능성을 보고, 실제로 성장해야 높아지는 것이 자존감이다. '자신을

올바로 보며, 성장 가능성을 인식하는 것.' 높은 자존감의 비결은
여기에 있다.

안정적 자존감의 비결

앞에서 얘기했듯이 국어사전에 따르면 자존감이란 "스스로 품
위를 지키고 자신을 존중하는 마음"이다. 영어사전에서는 '개인의
고유한 가치와 능력에 대한 자신감(confidence in one's own worth
or abilities)' 혹은 '자신의 능력과 한계에 대한 느낌(how you feel
about your abilities and limitations)'으로 정의한다.

개인적으로는 국어의 정의가 더 마음에 든다. 이유는 세 가지다.
첫째, 국어의 정의에는 자존감에 개인의 품위를 지키기 위한 노력
이 포함되어야 함을 제시한다. 자존감은 가만히 있다고 높아지는
것이 아니다. 품위를 지키기 위해 노력해야 한다. 건강하게 자신의
신체를 가꾸고, 능력도 키우고, 역량도 높여야 한다. 이렇게 노력
하는 과정 자체가 자존감이다. 그런데 영어에서는 약간 느낌적인
느낌이 강하고, (과정은 생략됨) 결과 중심적이다.

둘째, 국어의 정의에서 자존감은 자존심이나 자만심과 명확하
게 구분된다. 자존감은 '나'를 바라보는 개념이기에 타인과 비교하
지 않지만, '타인에게 굽히지 않으려는 마음가짐'으로 정의되는 자

존심은 '타인과의 비교'가 들어간다. 또한 '스스로 자랑하며 뽐내는 마음'을 뜻하는 자만심은 '품위를 잃어버리는 행동'으로 자존심과 완전히 다르다. 그러나 영어에서는 자존감에 대한 정의가 자존심이 될 수도 있고, 자만이 될 수도 있다. 크게 구분하지 않는다. 특히 자존감에 대한 영어사전의 두 번째 의미를 다시 보면, '능력과 한계에 대한 느낌'이라고 되어 있다. 이때 '한계'라는 단어가 좀 미묘하다. 구체적으로, 만약 사람들 중에 한계를 무시하는 사람이 많다면? 이건 결국 자만이 된다. 반면, 사람들이 한계를 무시하고 능력만 본다면? 이럴 때는 결국 자존심만 강해질 것이다.

셋째, 국어의 정의에서 자존감은 균형(balance)을 중요하게 생각한다. 자존감은 자기 자신에 대한 넘치지도, 모자라지도 않는 균형 있는 시각이다. 품위를 지키기 위해 노력한다는 것 자체가 자신의 모자람을 안다는 뜻이고, 자신을 존중하기 위해서는 자신의 강점은 자만이 되지 않게 하고, 자신의 약점은 보듬어 부양해야 한다. 옛 성현들이 억강부약(抑-억제할 억, 强-강할 강, 扶-도울 부, 弱-약할 약; 『삼국지』「위지」'왕수전'에서)이라고 하지 않았던가. 그러나 영어에서 자존감은 높을수록 좋다는 의미가 강하다. 무조건 높으면 좋다. 센 게 좋다. 강해야 한다. 약육강식(약하면 먹이가 되고, 강한 자는 먹는다)이다. 자존감이 지나치면 자만이 되고, 실력과 역량도 없이 자존심만 내세우게 된다는 것을 간과하고 있다. 지나치게 자기애(나르시시즘, narcissism)가 강해서 자신만 옳고 타인은 그르다고 본다. 자신만이 정의고, 타인은 악이다. 영어식 자존감은 이런 위험에 빠지기 쉽다.

과학적 연구 결과들도 지나치게 높은 영어식 자존감보다는 균형 있고 안정적으로 자존감을 관리하는 것이 중요함을 보여 준다. 자존감이 지나치게 높은 사람은 급격히 낮아지기도 쉽다. 점심에 측정할 때 7점 만점에 6점이었다가, 저녁이 되면 1점이 된다. 그러다가 다음 날에 갑자기 또 7점이 되고, 몇 시간 후에 또 1점이 된다. 이런 사람은 불안정하다. 일시적으로 자존감이 높다고 좋은 것이 아니다. 이러한 불균형과 불안정은 자만이거나 자존심일 수 있는 것이다.

그러다가 자만을 깰 수밖에 없게 되고, 자존심이 상할 수밖에 없게 되면(대개 자신보다 월등한 사람을 만나게 되면 이런 일이 일어난다), 급격한 자존감 하락이 나타난다. 이는 이 사람의 7점과 1점이 모두 자존감이 아니었다는 뜻이다. 이 사람에게는 자만과 자존심만 있는 것이지, 자존감은 없었다.

이렇게 자존감이 널뛰기하고 자만과 자존심으로 가득 찬 사람은 몇 가지 특징이 있다.

첫째, 핑계를 댄다. 뭐 때문에 뭐를 못 했다고 한다. 이것 때문에 저걸 못 했어요. 이것이 있어서 그래요. 저것이 있어서 그래요. 전임자의 잘못이에요. 자만과 자존심, 허영과 허세로 가득한 사람들의 특징이다.

둘째, 자신을 비판하는 타인의 말에 지나치게 공격적으로 대응하고, 견디지 못해 한다. 심지어 폭력을 행사하기도 한다.

셋째, 실적이 없다. 말로만 일하고, 입으로만 일한다. 결과물이 없다.

그러나 자존감이 4점에서 5점 수준으로 왔다 갔다 하면서 안정적으로 유지되는 사람은 다르다. 폭풍에도 흔들리지 않는 뿌리 깊은 나무처럼 태풍과 허리케인에도 그 변화를 감지하기 힘든 깊고 깊은 바다처럼 늘 잔잔하다. 자만에 빠지지 않고, 자존심만 강하지 않다. 자기애가 지나치지 않고, 자신의 성장 가능성만을 바라보며 기뻐한다.

자존감이 안정적으로 유지되는 사람은 타인을 보지 않고, 나를 본다. 타인과 비교하거나 타인을 감시하지 않고, 나의 과거와 현재를 감시하고 나의 과거와 현재를 비교한다. 자기 감시(self-monitoring)라고 할까? 이렇게 진정한 자존감을 안정적으로 유지하는 사람은, ① 핑계를 대지 않는다, ② 타인의 말을 경청하고 수용하며 과민 반응하지 않는다, ③ 실적이 있고, 결과물이 있다, ④ 말은 적게 한다.

국희야 넌 어떤 사람이니?

항상 나에게 먼저 질문해 보고, 나를 감시해 보고자 한다.

행복을 디자인하다

06 | 몰입하는 사이

 선택하고 주의를 유지하라

인간의 본질은 무엇인가를 만들어 내는 상상력이다. 인간을 가리키는 호모 사피엔스라는 말 자체가 그렇다. 상상하는 인간, 창조하는 인간이라는 뜻을 가지고 있다. 이런 상상력과 창조력을 발휘하는 일이 쉽다는 것은 아니다. 주의(attention)를 기울이는 과정, 쉽게 말해 노력이라는 과정이 필요하다. 우리가 노력이라고 말하는 과정은 정신에너지인 주의력을 쓴다는 의미다. 주의력을 써야 상상이 가능하고, 상상력을 발휘할 수 있다. 주의력을 써야 창조가 가능하고, 창조력을 발휘할 수 있다.

오해하지 말아야 할 것은 모든 주의가 다 상상과 창조로 이어지는 것은 아니라는 점이다. 주의의 세 가지 유형 중 두 가지가 합쳐졌을 때에만 상상력과 창조력, 생산력으로 이어진다. 먼저, 주의의 첫 번째 유형부터 살펴보자. 바로 경계(alert)로서의 주의다. 조용하고 고요한 공간에 앉아 있었는데, 어디선가 '쿵쿵쿵' 하는 소음이 들려온다. 그럼 우리 뇌는 바로 경계태세에 들어간다. 토끼가 귀를 쫑긋 세우는 것처럼, 어디에 위험이 있는지 감지하려고 애쓴다. 길을 걷고 있는데, 어디선가 불빛이 '번쩍' 한다. 그럼 우리의 주의는 바로 그곳을 향한다. 경계로서의 주의가 발동되기 때문이다.

군인들은 경계의 의미를 잘 알고 있다. 고요한 밤에 경계 초소에서 근무를 서다가 뭔가 수상한 움직임이 감지되고 그것이 사람이라는 것을 알게 되면, 바로 총을 겨누고 암호를 대라고 한다. 그날 암호가 '화랑-담배'라면, '화랑'이라고 외친 후에 상대방에게서 '담배'라는 말이 돌아오길 초조하게 기다린다.

현대인은 과거의 그 어느 때보다 경계로서의 주의를 매우 자주 경험하고 있다. 한 가지 물건 덕분(?)이다. 뭐냐고? 스마트폰이라는 경계 유발 물건이다. 수시로 진동이 오고, 메시지가 오고, 이메일이 오고, 알림이 울려 댄다. 계속 인간의 경계태세를 발동시키는 물체가 바로 스마트폰이다. 느끼셨겠지만, 이런 경계태세 발동은 인간의 상상력 발휘와 창조적 생산성 발휘와 무관하다.

경계적 주의는 인간에게 스트레스를 유발하고, 긴장을 유발하지, 절대 좋은 걸 유발하지 않는다. 그래서일까? 적어도 나는 스마트폰만 붙잡고 있는 사람치고, 뭔가 상상력을 발휘하고, 창조력을 발휘하는 사람을 본 적이 없다. 상상하고 생산하고 창조하는 사람들은 스마트폰을 멀리한다.

이제, 주의의 두 번째 유형을 살펴볼 차례다. 정향(selective

행복을 디자인하다

attention)이라고 불리는 주의다. 정향이란 무엇에 주의를 기울일 것인지를 정한다는 의미다. 주의를 기울일 대상, 사건, 물체, 사람을 선택하는 것이 정향이다. 그래서 선택적 주의라고도 불린다. 인간은 여러 가지 일에 동시다발적으로 주의를 기울일 수 없다.

가끔 그런 게 가능하다고 착각하는 사람들이 있지만, 아쉽게도 그런 일은 벌어지지 않는다. 그런 사람들이 하고 있는 것은 그냥 빠르게 이것저것에 주의를 전환하고 있을 뿐이지, 동시에 여러 가지에 주의를 기울이고 있는 것이 아니다. 이메일 봤다가, 과제 좀 했다가, 페이스북 봤다가, 인스타그램 봤다가, 카톡 봤다가, TV 좀 봤다가, 게임도 좀 하다가, 웹툰도 좀 보는 식은 멀티가 아니다. 그냥 어텐션 스위치(attention switch)를 하면서 정신없이 떠돌아다닐 뿐이며, 아무런 생산성이 발생하지 않는다.

간혹 어떤 일에 자동화되거나 숙련된 사람들이 멀티를 하는 것처럼 보일 때도 있다. 운전하면서 라디오도 듣고, 자전거 타면서 음악 감상도 하는 것처럼 말이다. 그러나 이건 한 가지 일이 완전하게 숙련되었기에 더 이상 노력하지 않고, 주의력을 쓰지 않는 경지에 오른 것이다. 운전하면서 라디오 듣는 것은 그냥 라디오만 듣는 것이고, 자전거 타면서 음악 감상하는 것은 그냥 음악만 듣는 것이라는 말이다.

운전하면서 고난도의 수학 문제를 손을 떼고 풀 수 있는가? 자전거 타면서 생각의 흐름을 이어 가야 하는 논술 문제를 손을 떼고 쓸 수 있는가? 이런 게 되어야 진정한 의미의 멀티인데, 인간은 이런 걸 할 수 없다. 한 가지로 방향을 좁혀서 딱 하나를 정해서 주의를 기울이고, 인지적 에너지를 써야 한다.

끝으로, 주의의 마지막 유형은 집행(executive)으로서의 주의다. 집행이란 주의를 장시간 유지한다는 뜻이다. 무엇에 주의를 기울일지 선택했다면, 그다음에 할 일은 그 주의를 장시간 유지해야 한다. 그래야 생산성이 나오고, 상상력이 발휘되며, 창조가 이루어진다. 소위 몰입(flow)이라고 부르는 것은 정향과 집행이 장시간 이루어지고 있는 상태다.

심리학적 노력은 정향과 집행이 장시간 이루어지는 것을 의미한다. 노력이라고 다 똑같은 노력이 아니다. 심리학적 노력이 되려면, 할 일을 한 가지 정해야 하고, 그것에 대한 주의를 장시간 유지해야 한다. 이런 노력을 할 때, 창조가 이루어지고, 상상력이 발현되는 것이다.

여러분의 삶에서 경계태세가 발동될 만한 상황은 줄이라. 그리고 방향을 정하라. 이어서 주의력을 지속하라. 그것이 호모 사피엔스다. 호모 사피엔스는 상상력을 발휘하기 위한 선택과 집행을 하는 인간, 창조력을 발휘하기 위해 선택과 집행을 하는 인간, 즉 노력하는 인간이다.

행복을 디자인하다

어라? 벌써 시간이 이렇게 되었나?

할 일을 선택하고, 그 일을 지속하고, 다시 할 일을 선택하고, 그 일을 지속하고, 우리의 삶은 이 두 가지의 반복인지도 모르겠다. (아무것도 안 하기로 선택하고, 아무것도 하지 않는 걸 지속하는 것도 포함이다!)

전문적으로 말하면, 할 일을 선택하는 것은 정향, 즉 선택적 주의라고 부르는 것이며, 그 선택을 지속하고 그 선택에 대한 주의를 일정 시간 이상(보통 1시간 이상) 유지하는 것을 집행, 즉 수행으로서의 주의라고 부른다.

정향과 집행. 이 두 과정을 합쳐서 심리학자들은 '정보처리를 하고 있다' '주의를 기울이고 있다' 혹은 '노력을 하고 있다'고 말한다. 노력, 즉 정보처리를 하고 있다는 것은 배우고 있다는 것이자, 창조를 하고 있다는 것이다. 배움과 창조는 별도로 일어나지 않는다. 인간은 창조하면서 배우고, 배우면서 창조한다. 그리고 이 과정에서 몰입이라는 현상을 줄곧 경험한다. 배움에 푹 빠져서 시간 가는 줄 모르게 되고, 창조에 푹 빠져서 시간 가는 줄 모르게 되는 현상 말이다.

몰입을 경험할 때 나타나는 일을 더 자세히 말해 보겠다. 첫째, 인간은 배움과 창조에 몰입할 때, 시간 지각의 왜곡을 경험한다. 시간이 무척 빨리 갔다고 느끼는 시간 압축을 경험하거나, 시간이 무척 천천히 갔다고 느끼는 시간 확장을 경험한다. 대부분의 사람에게 더 많이 나타나는 것은 시간 압축이다. 과제를 수행하는 데, 시간이 빨리 갔다고 느끼고, 글을 쓰는 데, 음악을 만드는 데, 작품을 그리는 데 시간이 빨리 갔다고 느낀다.

그러나 스포츠 선수들은 시간 확장도 곧잘 경험한다. 야구를 하는 타자에게 투수의 시속 150km 공이 느리게 보이거나 크게 보이는 현상, 탁구나 배구와 같이 공이 자기 진영과 상대 진영을 오가며 랠리가 이어질 때 상대방과 공의 움직임이 슬로우비디오처럼 보이면서 경기장의 모든 흐름이 한눈에 들어오는 현상, 권투 선수가 상대방과 잽과 훅의 공방전을 벌이고 있는데 상대방의 움직임이 너무 느려 보이면서 상대방의 모든 주먹을 다 피하는 현상 등이 바로 그 증거다.

둘째, 인간은 배움과 창조에 몰입할 때, 공간감이 다소 둔화된다. 어디에 있는지를 잠시 잊거나, 어디에 가고 있었는지를 잠시 잊는다. 버스에서 책을 읽던 사람들이 내려야 하는 정류장을 지나치는 경우가 대표적이다.

셋째, 인간은 배움과 창조에 몰입할 때, 자기 감시 기능이 약해진다. 인간은 항상 자기 자신을 감시하고, 더 좋은 사람이 되기 위해 자신을 채찍질한다. 후회하고, 걱정하고, 근심하고, 두려워하고, 긴장한다. 물론 언제나 그런 것은 아니지만, 가만히 생각을 정리하는 시간이 오면, 자기 감시 기능이 강해지는 경향이 있다.

이런 자기 감시 기능이 기질적으로 더욱 강한 사람들도 있는데, 우리는 그런 사람들을 예민한 사람, 민감한 사람, 완벽주의자 등으

행복을 디자인하다

로 부른다. 그러나 이런 사람이라도 뭔가 몰입할 때는 다르다. 자기 감시 기능이 약해지면서 걱정하던 것, 근심하던 것, 두려워하던 것, 긴장하던 것을 잊고, 즐거움을 느낀다.

창조하면서 배우고, 배우면서 창조하는 것에 몰입한 결과도 훌륭하다. 인간은 몰입했을 때, 생산성이 증가하고, 창의적 작품이 나오며, 실력(역량) 향상을 통해 스스로에 대한 평가가 좋아지고, 세상 사는 것에 대한 보람과 가치, 의미를 경험한다. 결과적으로 행복해지고, 또 다른 일에 몰입을 쉽게 할 수 있는 상태가 된다. (몰입하지 못한 사람의 훌륭하지 못한 결과는 이 모든 것을 반대로 생각하면 된다.)

창조하면서 배우고, 배우면서 창조하는 정보처리 과정에 푹 빠져 보자. 즐거움과 의미라는 행복의 두 가지 차원을 모두 만족시키는 삶이 펼쳐질 것이다.

 나도 몰입하고 싶죠!

인간은 예로부터 마법과 같은 힘을 동경해 왔다. '뿅!' 하면 노력하지 않아도 금덩어리가 생기고, '짠!' 하면 노력하지 않아도 미래의 모든 걸 알게 되고, '얍!' 하면 노력하지 않아도 힘이 세진다. 하지만 세상일이 어디 마법 같던가. 죽어라 노력해도 금덩어리는 생길까 말까 하고, 죽어라 노력해도 미래에 대한 예측은 빗나가기 마련이며, 죽어라 노력해도 초인적인 힘을 가지기 어렵다.

잘 살펴보면, 마법사의 이야기를 다룬 현대적 이야기들도 이런 현실성을 담고 있다. 『해리 포터(Harry Potter)』의 주인공 해리 포터는 요즘 식으로 말하면, 그는 흙수저다. 마법사들끼리의 결혼으로 태어난 순혈 마법사가 아니다. 인간과 마법사의 결혼으로 태어난 혼혈 마법사다. 하지만 해리 포터는 연습하고, 노력하며, 시행착오를 겪고, 동료들과 관계를 돈독하게 하면서 위기를 극복해 나간다.

이게 인생이다. 아이들이 해리 포터에 열광하고, 어른들도 열광한 이유는 이것이 허무맹랑한 이야기가 아니라, 인생을 담고 있었기 때문이다. 내가 좋아하는 웹툰 중에 〈쿠베라〉라는 웹툰에도 마법사들이 나온다. 이 만화에서 나름 현실을 반영한 설정으로 보인 것이 있는데, 마법을 시전하기 위한 수학적 계산이 필요하다는 것이다. 수학적 계산 속도가 마법 실력을 좌우하고, 마법 정확도를 높인다. 그리고 이건 노력으로 얻을 수 있다. 이런 계산을 하지 못하거나 계산을 방해하면, 마법이 발동되지 않거나 엉뚱하게 발동된다.

또한 마법이 발동되기까지 주문을 외우는 시간이 필요하다. 실제로 마법 주문을 방해하거나 외치지 못하게 하면 마법은 발동되지 않는다. 그래서 마법사들은 무언 마법을 연습하기도 하는데, 무언 마법을 많이 쓸수록 인간성을 잃어 가고, 사이코패스처럼 되어 간다는 부작용이 있다. 이런 게 인생이다. 노력해서 얻은 것은 부작용이 없는데, 노력하지 않고 얻은 것에는 부작용이 있다.

노력을 쉽게 해 준다는 알약 같은 것들이 있다. 이 약을 먹으면, 주의력을 높여 주고, 몰입하게 도와준다고 한다. 본래 주의력결핍 과잉행동장애를 가진 아이들에게 처방하던 것인데, 일부 의사들이 학부모들과 결탁하여 일반 아이들에게도 처방하여 판매한다. 돈만 내면 가능한 일종의 과잉진료이자 과잉처방이다. 좋다. 돈 자랑하고 싶으면 그렇게 할 수 있다고 치자. 이런 돈 자랑의 결말이 슬프다는 것만 빼면 말이다.

과연 이런 알약에 부작용이 없을까? 일단 이렇게 한번 약에 손을 대면, 약 없이는 더 이상 집중이 불가능한 사람이 된다. 집중하고 싶을 때마다 약을 먹어야 하는 불쌍한 사람이 되는 것이다. 약이 없으면, 아무것도 못 하는 무기력증에 시달릴 수도 있다. 우울증에 걸린다는 소리다.

휴식을 취해야 하는 순간에도 휴식을 취하지 못하면서 뇌를 피로하게 만든다. 정보처리를 담당하는 해마에 무리를 주어서 늙어서 치매에 걸릴 확률을 증가시키고, 전두엽에 무리를 주어서 자기통제, 감정조절, 절제 등을 못 하게 만든다. 여러분 중에는 이미 이런 사실을 알고 있는 사람이 많을 것이라고 생각한다. 그래서 더 길게 말하지 않겠다.

오히려 궁금한 질문은 다음의 것일 수 있다.

나도 노력하고 싶죠! 그런데 집중이 잘 안 돼요!

나도 노력해야 하는 것 알죠! 그런데 어떤 일에 몰입이 안 되고,
동기부여가 안 됩니다!

이런 질문들 혹은 푸념들에는 한 가지 공통적 오해가 있다. 노력할 수 있게 되는 것 자체를 뭔가 타고나야 한다는 생각이다. 자연스럽게 노력할 수 있게 되는 것은 타고나는 것이고, 노력이 자연스럽게 발휘되지 않는 것은 타고나지 않은 것이다. 그런데 이것이 과학적 사실일까? 아니다! 잘 생각해 보라. 이 세상에 있던 것 중에 자연스럽게 노력하게 된 것이 몇 개나 되던가?

내 인생에 도움이 되고, 돈을 벌어다 주는 일들은 대부분 자연스럽게 노력하게 되지 않는다. 자연스럽지 않아도 일단 시작해야 하고, 시동 걸어야 하고, 발동 걸어야 하는 일들인 것이다. 그럼 어떻게 하냐고? 어떤 역량을 향상하기 위한 노력과 몰입, 어떤 과업에 대한 노력과 몰입은 그냥 하는 것이다. 동기부여가 되지 않을 때도 그냥 하는 것이고, 타고난 것이나 재미가 없어도 그냥 하는 것이고, 뭔가 느낌이 오지 않아도 그냥 하는 것이다.

어떻게 보면, 상식에 반하는 생각들이 심리학적·과학적 정답이다. 동기부여가 되지 않으니까, 노력하고 몰입해야 한다(노력한 다음에야 동기부여가 되니까). 타고난 것이 없으니까, 노력하고 몰입해야 한다(노력해야 타고난 것처럼 잘하게 되니까). 재미가 없으니까, 노력하고 몰입해야 한다(노력해야 재미를 알게 되니까). 뭔가 느낌이 안 오니까, 노력하고 몰입해야 한다(노력해야 느낌 오니까).

행복을 디자인하다

어떤 일을 시작하기 어렵다고? 누구나 그렇다. 하지만 시작해야 한다. 한 문장 쓰기 시작해야 하고, 한 글자 보기 시작해야 하고, 한 동작을 시작해야 하고, 생각을 시작해야 한다. 과학적으로 보면, 약간 짜증이 나지만 일단 시작하는 것이 몰입이라는 마법이 발동되는 일종의 주문이다. 할 일을 한 가지 정해서 아주 의도적으로 그 일에 대한 집중을 유지하는 시간이 필요한 것이다.

적어도 15분은 이렇게 의도적으로 초집중해야 글이 써지고, 정보들이 내 머릿속에서 연결되고, 동작들이 융합되며, 몸이 풀리고, 글이 보이기 시작하고, 이야기가 들리기 시작하고, 내 머릿속에서 다양한 이미지가 생성되기 시작한다. 그러고 나서 나도 모르는 사이에 어떤 일에 몰입하게 된다. 이런 15분간의 초집중을 하이퍼 포커스(hyper-focus)라고 부른다.

몰입이라는 마법이 풀리지 않도록 미리미리 준비해 두고, 환경적 설정을 해 두고, 수학적 계산을 해 두는 것도 잊지 말라. 『손자병법』에도 지리를 살피라고 하지 않았는가. 우리 동양 문화에서도 풍수지리를 살피지 않는가. 노력하기 좋은 곳을 만들어 가야 하고, 노력하기 좋은 곳을 찾아가야 한다.

어떤 곳이냐고? 몰입이라는 마법이 다른 방해로 인해서 깨지지 않을 만한 곳이다. 내가 외우고 있는 몰입의 주문, 하이퍼 포커스가 깨지지 않을 만한 곳에 가시라. 갑자기 내 주의를 빼앗는 자극들이 많은 장소와 경계적 주의가 발동되는 장소를 피하고, 경계가 발동하지 않는 장소, 맥락, 환경을 만들어야 하이퍼 포커스를 할 수 있다.

스마트폰처럼 내 주의를 빼앗는 물체를 멀리하고, 최소한 무음으로 하거나, 방해금지 모드로 하자. 이에 더해 경계적 주의가 발동되지 않도록 상황을 조성하라. 때로는 친구나 부모가 내 주의를 방해할 수 있다면, 그런 상황을 피해야 한다.

다른 사람의 통화 소리를 듣게 될 만한 장소는 최악이다. 인간은 전화 통화가 아닌, 양방향 대화는 그냥 소음으로 무시할 수 있다. 그러나 통화처럼 같은 공간에 있는 한 사람의 목소리만 들리면서 수화기 너머에 있는 상대방의 말이 계속 공백 상태가 될 때, 우리 뇌는 그 공백에 관심을 가지게 되고, 집중을 방해받는다. 한쪽 이야기만 들리면서 상대방의 반응이 들리지 않을 때, 우리 뇌는 이런 공백에 호기심을 가지며, 이것에 주의를 빼앗기게 된다. 또한 이 상황에 놓인 우리 뇌는 상대방의 말을 추론하는 작업에 들어가면서 정작 내가 해야 할 일에 집중하지 못하게 되는 것이다.

이제 노력과 몰입이라는 마법을 나에게 걸어 볼 시간이다. 무엇이든 그냥 시작하라. 그리고 하이퍼 포커스라는 주문을 외우자. 그럼 이루어질 것이니.

행복을 디자인하다

07 | 꾸준한 사이

 성공하는 사람은 무너질 만한 상황을
만들지 않는다

　성공하기 위해서는 노력해야 한다? 지속적으로 노력하기 위해서는 인내심이 강해야 한다? 성공에 대해 말하다 보면 노력이 나오고, 노력을 말하다 보면 인내심이 나온다. 그래서 우리 사회는 인내심 타령을 한다. 인내심이 강해야 한다. 참을성이 있어야 한다. 견뎌야 한다. 절제하라. 이를 악물라. 이렇게 해야 성공한다.

　그럼 실제로 꾸준히 노력해서 성공한 사람들에게 자기 자신의 인내심과 참을성, 자제력이 어느 정도라고 생각하는지 물어보면 뭐라고 대답할까? 전부는 아니겠지만 굉장히 높은 비율의 사람들이 다음과 같이 말한다.

　나는 참을성이 별로 없습니다.

나는 자제력이 보통 수준입니다.

나는 특별한 인내심이 없습니다.

나는 이를 악물지 않습니다.

매일 노력하는 모습을 보여 주기에 다른 사람들에게 "참을성이 높다." "인내심이 강하다."고 칭송받지만 정작 당사자에게 물어보면 "나는 그런 사람이 아니다."라고 하는 이런 역설. 그냥 이 사람들이 겸손해서 그런 걸까? 아니면, 정말 평균적인 사람들과 별로 다를 바 없는 참을성을 가진 걸까?

마시멜로 테스트를 신봉하는 사람이라면, 어마어마한 인내심을 타고난 사람들이 겸손하게 자신을 낮춰 표현한 것이라고 생각할 것이다. 특별한 인내심을 타고나서 다섯 살이라는 어린 나이에도 불구하고 달콤한 향이 솔솔 나는 마시멜로를 15분간 먹지 않고 참아 내는 사람들처럼 말이다.

그리고 너무 당연하게 매일 노력하여 성공을 거둔 사람들은 마시멜로를 눈앞에 두고 15분간 참아 내는 독종이라고 결론짓는다. 이렇게 인내심을 타고난 사람들이 15년 뒤에 대학 입시 시험에서 월등히 높은 성적을 거둘 뿐 아니라, 20년 뒤에는 연봉이 더 높은 직업까지 얻게 된다고 하니 의심할 바 없지 않은가?

아쉽게도 마시멜로 테스트는 사람들에게 인내심을 가지는 것에 대해 동기를 부여하기는커녕 자신이 실패할 수밖에 없는 이유를 합리화하는 수단이 되어 버렸다. 나는 노력을 지속할 만한 인내심

　　　　　　　　　　　　　　行복을 디자인하다

을 타고나지 못했으니 어쩔 수 없다는 식이다.

그러나 이러한 사고방식에는 과학적 문제가 있다. 일단 이 질문을 생각해 보자. 타고난 인내심의 소유자들이 전 인류에서 몇 퍼센트나 될까? 현대의 뇌과학적 연구에 따르면, 이런 특별한 인내심을 타고 나는 사람들은 전 인류의 0.002%에 불과하다.

더 큰 문제는 우리가 마시멜로 테스트에 대해 오해하고 있다는 것이다. 마시멜로 테스트는 여러분이 알고 있는 것 같은 그런 인내심 테스트가 아니다. 마시멜로 테스트에는 대중에게 잘 알려지지 않은 조건들이 포함되어 있었다. 하나는 마시멜로를 눈에 보이는 위치에 두느냐 아니냐 하는 것이다. 다른 하나는 마시멜로를 15분간 먹지 않고 참는 법을 알려 주느냐 아니냐는 것이다.

마시멜로를 눈에 보이는 위치에 두는 조건의 경우는 여러분이 아는 것처럼 마시멜로가 책상 위에 있는 접시에 올려져 있었다. 그러나 보이지 않는 조건의 경우에는 마시멜로가 책상 위에 없다. 눈에 보이지 않는 박스 안에 있거나, 사물함 안에 들어 있었다. 이 조건에서 아이들은 마시멜로가 어디에 있는 줄은 알지만, 당장 눈에 보이지 않기에 큰 유혹을 받지 않았다.

마시멜로를 먹지 않고 참는 법을 가르쳐 주지 않는 조건에서는 아이들이 알아서 마시멜로를 먹지 않고 참아야 했다. 그러나 마시멜로를 먹지 않고 참는 법을 알려 주는 조건에서는 아이들에게 눈을 감을 것, 고개를 돌릴 것, 하늘을 보고 노래를 부를 것, 딴생각을 할 것, 뒤를 돌아볼 것 등을 알려 주었다.

정리하면, 총 4가지 조건이다. ① 마시멜로를 눈으로 보면서, 참는 법 모름, ② 마시멜로를 눈으로 보지 않으면서, 참는 법 모름, ③ 마시멜로를 눈으로 보면서, 참는 법 배움, ④ 마시멜로를 눈으로 보지 않으면서, 참는 법 배움이다.

여러분이 알고 있는 마시멜로 테스트는 오직 마시멜로를 눈으로 보면서 참는 법을 가르쳐 주지 않은 ①번 조건뿐이다. 이런 조건에서는 타고난 인내심의 강자들만 참을 수 있다. 그러나 평범한 인내심의 소유자들이라도 잘 참아 내는 조건들이 존재했다.

여러분 생각을 먼저 물어보고 싶다. 네 가지 조건들 중, 어느 조건에서 평범한 인내심을 가진 아이들이 마시멜로를 먹지 않고 오래 참을 수 있었을까? 답은 ②번과 ④번 조건이 공동 1위를 차지했다. 이 두 조건의 아이들은 평균 10분 정도를 참아 낼 뿐만 아니라, 절반 이상의 아이들이 15분을 견뎌 냈다. 이 두 조건의 공통점은 무엇인가? 그렇다. 마시멜로가 눈에 보이지 않는다는 것이다!

3등은 마시멜로를 눈으로 보면서 참는 법을 아는 조건이었다. 이 아이들은 평균 7분 정도를 참았고, 40% 정도의 아이들이 15분을 참았다. 이는 참는 법을 안다고 해도, 마시멜로가 눈에 보이면 참기 힘들다는 것을 보여 준다. 그리고 가장 성적이 저조한 집단이 바로 여러분이 알고 있던, ①번 조건이다. 마시멜로가 눈에 보이는데 참는 법도 모를 때 아이들은 평균 6분 정도를 참았고, 25%의 아이들만 15분을 견뎠다.

지금 설명한 마시멜로 테스트가 마시멜로 테스트의 진짜 이야기

행복을 디자인하다

다. 마시멜로 테스트는 타고난 인내심의 강자들이 승리하는 이야기가 아니다. 마시멜로 테스트는 인내심을 타고나지 않았어도 마시멜로와 같은 유혹거리를 눈앞에서 치우면 참을 수 있으며, 이렇게 유혹거리를 치우는 것이 참는 법을 배우는 것보다 훨씬 효과적임을 증명한 연구인 것이다.

꾸준히 노력하여 성공한 사람들이 자신의 인내심은 보통 수준이라고 한 말은 겸손해서 한 말이 아니라, 진실이다. 이들의 인내심은 보통 수준인 것이 맞다. 그런데 어떻게 매일 노력할 수 있냐고? 간단하다. 이들은 유혹에 빠질 만한 일을 만들지 않고, 유혹에 빠질 만한 상황을 만들지 않고, 유혹 자체를 만들지 않기 때문이다.

마시멜로를 눈으로 보면서 참기란 힘들기에 마시멜로라는 유혹거리를 눈에서 치운다. 인내심을 발휘하기 때문에 매일 꾸준히 노력한 것이 아니다. 오히려 반대다. 인내심을 발휘할 만한 상황 자체를 만들지 않기에 그냥 매일 툭툭 노력할 수 있었고, 참을성과 절제력을 발휘할 만한 일을 하지 않고, 그런 장소와 사람을 만나지 않기에 매일 툭툭 노력을 지속할 수 있었던 것이다.

심리학자들은 마시멜로 테스트를 자제력 테스트라 부르지 않는다. 마시멜로 테스트는 상황 제어(situation control) 테스트다. 매일 노력하기 위해서는 유혹에 빠질 만한 상황을 만들지 않는 것이 중요하다. 집중 잘되게 만들어 놓고, 공부하고 일해야 된다는 뜻이다. 마시멜로를 눈으로 보면서 참는 건 실패의 지름길이자, 실패하는 사람의 전형적인 핑계에 지나지 않는다.

마시멜로를 잔뜩 보이게 해 놓고, 공부에 집중이 안 된다고 핑계를 대는 것은 심리학자들이 자기 불구화(self handicapping)라고 부르는 것과도 연관된다. 자기 불구화란 평소 노력하지 않아 나쁜 결과가 예상될 때, 일부러 더 유혹에 빠져(예를 들면, 술을 잔뜩 마신다거나) 나쁜 결과의 핑계를 만드는 것을 말한다. 스스로 핸디캡을 만든다고나 할까?

다이어트하는 사람이 눈앞에 초콜릿 케이크를 놓고 참는다면 바보다. 공부하겠다는 사람이 스마트폰에 게임을 잔뜩 깔아 놓고 참는다면 바보다. 일하겠다는 사람이 스마트폰에 구독 영상 알림을 잔뜩 울리게 해 놓고 참는다면 바보다. 이렇게 해 놓고 나서 인내심 타령을 하지 말라. 실패하기로 작정한 사람들이 자기 불구화의 함정에 빠진 것에 불과하다.

꾸준히 노력하고 싶다면, 먼저 상황을 제어하자. 초콜릿 케이크를 치우고, 게임을 지우고, 구독을 취소하고, 자동 로그인을 해제하라. 마시멜로를 눈에 보이지 않게 치우라.

그것이 나를 꾸준한 노력과 성공으로 인도할지니.

행복을 디자인하다

 할 만하다고 생각되게끔 만들라

어떤 일을 시작하지 못할 때, 해야 하는 건 알지만 하지 않고 있을 때, 마감 기한은 다가오는데 일이 손에 잡히지 않을 때, 해야 할 일이 잔뜩인데 자꾸 딴짓을 하고 있는 자신을 바라볼 때, 사람들은 자신의 인내심을 탓한다. 난 왜 이렇게 인내심이 부족할까. 나는 왜 절제력을 타고나지 못했을까. 나는 어째서 자제력이 부족하게 태어났을까.

때로는 이것 자체가 그럴듯한 핑계가 되기도 한다. 내가 시작하지 못한 건 내 인내심이 부족하기 때문이야. 내가 자꾸 딴짓을 하는 건 자제력을 타고나지 못해서야. 여러분은 어떤지 궁금하다. 뭔가 일을 시작하지 못하고, 진행하지 못하고, 딴짓을 하는 것이 내 인내심과 자제력이 부족하기 때문일까?

이런 문제들에 대한 답을 찾기 위해 노력해 온 심리학에 물어보자. 어떤 대답이 돌아올까? 아쉽지만, 여러분의 기대와는 다를 것이다. 이 질문에 대한 심리학적 대답은 '자제력의 문제가 아니올시다!'다. 여러분이 일을 시작하지 못하고 진행하지 못하는 건 자제력 문제가 아니다. 이런 심리학의 답변에 저항하고 싶어지고, 심기가 불편해지는 이들이 많을 수 있다. 그렇다고 과학자인 내가 거짓말을 할 순 없지 않은가.

지금까지의 심리학은 거의 모든 사람(99.999%)의 인내심과 자제력은 다 거기서 거기라는 결과를 얻어 왔다. 대부분의 인간은 인내심과 자제력이 떨어진다. 무슨 소리냐고 외치고 싶은가? 내 주변만 해도 인내심이 굉장한 사람들이 어마어마한 과업들을 척척 해내고 있는데, 심리학적 연구결과가 과연 믿을 만한 결과냐고 따지고 싶은가? 얘기를 끝까지 들어보시라.

여러분이 생각하는 그 사람, 인내심과 자제력이 엄청나 보이는 사람은 누가 내린 평가인가? 그 사람 본인이 그렇게 평가한 것인가? 뇌과학적으로 증명한 것인가? 아니면, 그냥 당신이 볼 때, 주변 사람들이 볼 때, 인내심과 절제력이 높아 보인 것인가? 사실 그 사람의 인내심과 절제력을 과학적으로 측정한 적도 없고 뇌과학적으로 증명한 적도 없는데, 그냥 내가 볼 때, 주변에서 얘기할 때, 인내심과 절제력이 어마어마하다고 평가한 것이 불과한 것 아닌가? 백이면 백 그럴 것이다.

이 부분에 아주 중요한 진실이 숨어 있다. 우리 눈에 인내심과 절제력이 뛰어나 보이는 것과 그 사람의 실제 인내심과 절제력은 다르다는 사실이다. 우리가 인식한 어떤 사람의 인내심 혹은 절제력은 그 사람의 진짜 인내심이 아니다. 그럼 그 사람들은 뭘까? 인내심이 뛰어나 보이는 사람들의 정체는 뭐냔 말이다.

역설적이게도 일 잘하는 그 사람들은 인내심을 발휘하지 않는다. 일을 척척 해내는 사람들은 절제력을 발휘하지 않는다. 자제력을 발휘하지 않는다. 쓰더라도 아주 조금만 발휘한다. 오히려 일을 많이 하지 못하는 사람들이 절제력을 많이 발휘한다. 모든 생활을 참아야 할 것들의 연속으로 만든다.

행복을 디자인하다

무슨 말이냐고? 일을 잘하는 사람들은 인내심과 절제력을 발휘하지 않도록 자신의 일을 새롭게 정의하고 조정한다. 인내심과 절제력을 발휘하지 않아도 되도록 일을 조정하고 새롭게 조직한다. 그래서 쉽게 시작할 수 있고, 그래서 쉽게 진행할 수 있는 것이다. 그 사람들이 인내심이 특히 뛰어나서 일을 척척 하는 게 아니다. 그 사람들은 인내심을 어떻게 해서든 발휘하지 않으려고 노력하기 때문에 일을 척척 잘한다.

좀 더 구체적으로 설명해 보겠다. 많은 일을 척척 해내는 사람들은 일단 일을 잘게 쪼갠다. 진짜 해야 할 일이 100개라면, 100개를 전부 바라보지 않고, 10개씩 혹은 더 작게 5개씩 나누고, 5개를 시도한다. 100개를 다 하려고 할 때는 그렇게 부담스럽고 인내심과 절제력을 발휘해야 하는 일이었는데, 5개씩 20조각으로 나누고 나서 한 조각만 바라보니 뭔가 해 볼 만하다는 생각이 들고 시작해 볼 만해진다.

인내하지 않아도 되고, 자제하지 않아도 된다. 5개쯤이야. 그리고 5개를 다 한 후에는 또 다음 조각인 5개를 바라본다. 한 조각을 하는 동안 일에 탄력을 받게 되고, 때론 몰입도 하면서 다음 조각을 하기는 점점 더 쉬워진다. 일 잘하는 사람은 이런 식으로 20번 반복한다.

100개를 한꺼번에 바라보면 부담이 크고 난이도가 높아 보여 인내심과 절제력을 쥐어짜야 했지만, 5개씩 20번을 하니 난이도도 낮아지고 할 만하고 좋다. 할 것이 10개라면, 10개를 다 바라보지 않고 일단 한 가지만 하려고 해 보라. 1개 정도는 할 만하다고 여겨지기에 툭 시작하는 데 부담이 없다. 그렇게 1개를 하다 보면 탄력을 받게 되고, 1개만 하려던 것이 두세 개로 금방 넘어간다는 걸 알게 될 것이다. 일을 잘 못하는 사람들은 항상 10개를 다 바라본다. 그들은 좌절한다. 언제 다 하냐……

2페이지에 달하는 글을 써야 할 때, 성공하는 사람들은 일단 한 문장을 쓰려고 하고, 한 문단을 완성하려고 한다. 그러다 보면, 재료들이 머릿속에서 모이고, 두 문단, 세 문단 쓰게 되어 있음을 알기 때문이다. 일을 잘 못하는 사람들은 2페이지 공백을 모두 바라보면서 한숨을 쉰다. 그들은 말한다. 언제 다 하냐.

두 번째, 많은 일을 척척 해내는 사람들은 다음 날 할 것을 전날 미리 좀 해 둔다. 전날 계획을 세웠던 일도 막상 다음 날 하려고 하면 챙길 것이 많고, 잡념도 들고 시작하기 힘들어진다. 인내심과 절제력을 써야 하는 상황이 벌어지는 것이다. 그런데 지혜롭게 다음 날 할 일 중 쉽게 할 수 있는 것들 몇 개를 전날 미리 해 두면, 다음 날 그냥 툭 시작하기가 좋아진다.

준비물도 챙겨 두고, 목차도 잡아 두고, 자료도 좀 찾아 두고, 표 형식으로 자료 정리를 해야 하면 표 형태를 미리 만들어 두고, 어떤 식으로 글을 쓸지도 대충 생각해서 메모해 둔다. 이렇게 해 두면, 내일 진짜로 그 일을 시작할 때 장벽이 낮아진다. 뭔가 조금만 더 하면 되겠다는 느낌도 들고 말이다. 인내심과 절제력을 발휘할 필요가 없다. 이게 일 잘하는 비결이다.

행복을 디자인하다

세 번째, 많은 일을 척척 해내는 사람들은 마감 시간에 몰려서 하지 않는다. 절박한 상태(pinch)에 몰려서 일을 하면 많은 분량을 몰아서 하게 되고, 미리 해둔 것도 없고, 가볍게 시작하기도 어려워진다. 스트레스를 받게 되고, 공부와 일이 재미없어진다. 이런 습관이 들면, 장기적으로 공부와 일을 포기하게 될 수도 있다. 힘을 나눠서 썼다면, 좋았을 텐데……. 그렇게 몰아서 했기에 후유증이 길게 간다.

마감 시간에 몰려서야 집중이 잘된다는 사람은 아쉽지만, 실패하는 사람의 특징을 가졌다는 것을 인지해야 한다. 성공하는 사람들은 마감시간이 있더라도 그 마감시간이 닥치기 전에 미리미리 여유 있게 해 둔다. 미리 해 두기에 수정할 여유도 생기고, 더 나은 대안을 찾을 여유도 생긴다. 인내심과 절제력을 발휘하지 않게 되는 것이다.

인내심을 발휘하지 말라. 절제력? 자제력? 발휘하지 말라. 인내심과 절제력을 써야 하는 상황이 왔다면, 그건 벌써 뭔가 잘못되어 가고 있다는 신호다. 일을 나눠서 작게 시작하고, 일할 준비를 해 두고, 마감에 쫓기지 않는 습관을 들인다면, 여러분도 인내심과 절제력을 발휘하지 않고, 많은 일을 척척 해내는 사람이 될 수 있다.

가장 인내심이 강해 보이는 사람들이 가장 인내심을 발휘할 일이 없고, 가장 인내심이 약해 보이는 사람들이 가장 인내심을 발휘할 일이 많다는 역설을 기억하라.

집중 안 되는 날이라고 '0'을 만들진 말라

슬럼프

야구나 농구 경기 중계방송을 즐겨 보시는 분들은 좋은 기량을 보이던 선수들의 기량이 떨어질 때(타율이 떨어지거나, 제구가 안 되거나), 스포츠 캐스터가 "슬럼프(slump)가 왔다."라는 말을 쓰는 걸 많이 들어보았을 것이다.

물론 스포츠 선수들에게만 쓰는 말은 아니다. 일상에서 일을 계속 잘하던 누군가의 생산성이 떨어질 때, 성취가 좋던 누군가의 성취가 낮아질 때, 잘하던 사람이 갑자기 침체를 보일 때 그 사람에게 슬럼프가 왔다고 한다.

한 가지 주의할 것은 잘하던 누군가의 성과가 하루 이틀 나빠졌다고 슬럼프라고 부르긴 어렵다는 것이다. 진짜 슬럼프에 빠진 사람은 깊은 계곡에서 헤어 나오지 못하는 사람과 같아서 일주일 이상, 더 길게는 몇 주일, 몇 달도 간다. 안타까운 일이다. 계속 잘했다면 더 높은 곳에, 더 뛰어난 경지에 올랐을 텐데 왜 이런 일이 벌어진 걸까?

핵심은 뭔가 동기부여가 되지 않을 때, 어떤 선택을 하는지에 있다. 아무리 매일매일 생산적인 일을 해내고, 매일매일 뛰어난 기량을 발휘하던 프로(professional)에게도 힘든 순간이 온다. 피곤할 때도 있고, 짜증 날 때도 있으며, 삶의 의미에 대해 되돌아보는 시간을 가질 때도 있고, 미래에 대한 두려움과 불확실함에 대해 공포를

행복을 디자인하다

느낄 때도 있다. 집중이 잘 안 되고, 일이 손에 잡히지 않는 때가 있다는 말이다. 이런 마음이 스멀스멀 올라오면 일을 손에서 놓고 싶고, 푹 쉬고 싶다는 마음이 생긴다. 하던 일을 중단하고, 여행이라도 가는 것이 좋지 않을까라는 생각들이 꼬리에 꼬리를 문다.

당신은 이 상황에서 어떻게 하겠는가? 이런 선택의 갈림길에서 당신의 선택은 무엇인가? 어려운 선택이기에 누군가에게 조언을 구할 수도 있겠다. 유튜브에서 관련된 강의를 검색해서 강의를 들어볼 수도 있다. 그리고 당신은 아마 이런 이야기를 듣게 될 것이다.

하루 이틀 아무것도 하지 말고, 쉬세요.
원래 하던 일, 생산적인 일, 고난도의 연습, 다 쉬고 다른 것을 하세요.

이런 말들 말이다. 그리고 당신은 확신을 가지고 그렇게 쉴 것이다. 하루도 쉬고, 이틀도 쉰다. 자, 이틀 후다. 이제 쉬지 말고 뭔가 다시 시작해야 한다. 어떤가? 다시 시작할 수 있을까? 다시 기량을 회복하고, 역량을 끌어올리고, 감을 잡고 늘 하던 대로 잘할 수 있을까?

여기서부터 문제가 발생한다. 이틀 푹 쉬는 순간 감이 사라져 버린다는 것, 끌어올리고 싶은 그것을 끌어올리는 법을 잃어버린다는 것. 뭐부터 시작해야 할지도 모르겠고, 막막하다. 이틀 정도 쉬면 마음도 다시 찾고 동기부여도 될 줄 알았는데, 그것이 아니었다. 푹 쉬고 침체에서 회복되는 것이 아니라, 침체가 깊어지고 더 깊어지기만 한다. 그래서 이틀 정도 푹 쉬기 전보다 상황이 더 악화되고, 일을 더 못하게 된다는 것이 문제다.

흐음……. 인터넷에서 우쭈쭈 해 주는 사람들 말을 듣고 나서 잠시 기분은 좋았지만, 최종적인 결과는 매우 좋지 않았다. 일의 감을 잡기 위해 몇 년을 노력했는데, 이틀 쉬어 버리는 사이에 그 감이 사라진 것이다.

다른 선택을 했다면 어떻게 되었을까? 침체되었을 때, 집중이 안 될 때, 일이 손에 잡히지 않을 때, 완전히 쉬는 선택을 하는 것이 아니라 늘 하던 대로 하는 것이다. 늘 하던 대로 일하고, 늘 하던 정도만 쉰다.

정 힘들다면 일을 좀 줄이는 한이 있더라도, '0'으로 만들진 않는다. 공부량을 좀 줄이는 한이 있더라도, 0을 만들지 않는다. 속도를 좀 늦추더라도, 제로를 만들지 않는다. 동기부여가 되지 않을 때, 힘들 때, 뭔가 내려놓고 싶을 때도 어느 정도 하는 선택, 심지어 늘 하던 대로 하는 선택을 한 것이다.

이렇게 하루 이틀이 지난다. 잠깐 침체되었던 마음이 좋아진다. 일을 약간 줄였을 뿐인데, 많이 쉰 것 같은 느낌도 든다. 일을 전혀 하지 않은 건 아니기에 감도 잃지 않았다. 일을 천천히 하면서 내 일에 대해 깊이 생각하게 되었고, 내가 하는 일의 새로운 의미와 가치도 발견하게 되었다. 일을 아예 손에서 놔 버렸다면 할 수 없었던 경험, 할 수 없었던 발견을 한 것이다.

행복을 디자인하다

스포츠 선수들도 마찬가지다. 길고 긴 슬럼프에 빠지는 선수들이 있는가 하면, 하루 이틀 침체를 보이다가도 금세 다시 일어나는 선수들이 있다. 이 두 부류 선수들의 차이는 뭘까? 길고 긴 슬럼프에 빠지는 선수들은 그 기간 동안 그냥 방황하면서 원래 하던 루틴들을 손에서 놔 버린다는 것이다.

그러나 하루 이틀 침체되었다가 금방 회복하는 선수들은? 연습을 평소보다 좀 덜할 순 있겠지만, 완전히 손에서 놔 버려서 0을 만드는 날은 없다. 잠시 바람도 쐴 수 있고, 산책도 할 수 있고, 딴짓도 할 수 있다. 그러나 그렇다고 0을 만들진 않는다.

성공하는 작가들? 아무리 힘든 날에도, 집중이 안 되는 날에도 글쓰기를 0으로 만들지 않는다. 정말 집중 안 되는 날도 뭐라도 좀 쓴다. 성공하는 작사가들? 아무리 힘든 날도, 집중이 안 되는 날에도 작사를 완전히 0으로 만들지 않는다. 성공하는 작곡가들? 정말 동기부여 안 되는 날에도, 일이 손에 잡히지 않는 날에도 작곡을 완전히 0으로 만들지 않는다.

여러분은 어떤 선택을 하는가? 혹시 힘든 날이라고 완전히 놔 버리는 선택을 해 왔다면, 이제 다른 선택을 해 보자. 성공하는 사람들이 하는 선택을 해 보자. 이미 성공한 사람들이 우쭈쭈 해 주는 말에 속지 말자. 그들은 그렇게 살아오지 않았다. 어쩌면 자신은 그렇게 살지 않았으면서 여러분에게 그렇게 살라고 하는 것은 여러분의 성공을 방해하기 위한 것일 수도 있다(음모설?).

성공하는 사람들처럼 아무리 힘들고, 동기부여 안 되는 날에도,

집중이 어렵고, 일이 손에 잡히지 않는 날에도 늘 하던 대로 하려고
해 보자. 그 어떤 날에도 최소한 '0'을 만들진 말자.

행복을 디자인하다

나와 너 사이

디자인하기

08 | 믿음직한 나와 너

 신뢰의 3요소

돈독한 관계가 행복한 삶에 기여한다는 것은 의심할 필요가 없는 사실이다. 굳이 과학적 연구를 언급하지 않더라도, 우리 삶에서 가족과 관계가 좋을 때는 행복하지만, 엄마와 싸웠을 때, 아빠와 싸웠을 때는 기분이 나빠졌던 경험을 떠올려 보라. 친구 혹은 애인과 관계가 좋을 때는 행복하지만, 이들과 싸웠을 때, 사이가 멀어지는 경험을 했을 때 기분이 나빠지고 우울해지며, 심지어 삶의 의미가 없어졌던 경험을 떠올려 보시라. 스승과 관계가 좋을 때는 행복하지만, 스승과 제자의 사이가 틀어지면 마음 어딘가가 불편하고 힘들다.

오래도록 이어지는 돈독한 관계는 어쩌면 이러한 다툼과 싸움, 갈등이 없었거나, 있더라도 그 강도가 작았다는 의미일 것이다. 돈독한 관계란 서로 지지해 주고, 위로해 주고, 용기를 주며, 그 사람이 존재하는 것만으로도 힘이 되는 관계다. 그 사람의 존재만으로도 든든하고 믿음이 간다. 복잡한 현상을 되도록 단순화시키길 좋아하는 과학자의 입장에서 돈독한 관계를 정리하자면, '신뢰 관계'라고 할 수 있다.

내가 어떤 사람을 믿지 못한다면, 그 사람과 돈독한 관계를 형성할 수 없다. 아무리 부모라고 하더라도, 부모가 자녀에게 믿음을 주지 못한다면, 그 관계는 돈독한 관계가 아니다. 남보다 못한 부모가 세상에 얼마나 많은가. 자녀를 착취하고 이용하고 학대하고 버리고, 심지어 죽이고. 법적으로 부모인 척할 수는 있겠지만, 도덕적으로 윤리적으로 이들은 이미 부모가 아니다.

친구와 애인도 마찬가지다. 신뢰가 있을 때는 친구이자 애인이지만, 신뢰가 깨지면 그냥 '남'이고, 더 나아가서는 '적'이다. 돈 빌려 가서 갚지 않는 친구나 애인은 남이고 적이다. 사기를 치거나 다단계에 끌어들여 손해 보게 만드는 친구나 애인은 남이고 적이다. 물리적·언어적 폭력을 행사하는 친구나 애인은 남이고 적이다.

여러분은 어떤 사람인가? 다른 사람에게 신뢰를 주고 있는가? 신뢰를 깨는 언행을 하지 않았는가? 여러분 주변인은 어떤가? 그들은 여러분에게 신뢰를 주고 있는가? 신뢰를 깨고 있지는 않은가?

이처럼 건강한 관계, 돈독한 관계의 핵심이 '신뢰'라는 것은 양방향적인 의미다. 나도 신뢰 있는 사람이 되어야 하고, 타인도 신뢰있는 사람이 되어야 한다. 신뢰 있는 내가 신뢰 있는 타인을 사귀어

행복을 디자인하다

야 건강한 관계를 이룰 수 있는 것이다.

그렇다면, 신뢰 있는 사람이 된다는 것은 뭘까? 또한 신뢰 있는 타인을 검증한다는 것은 뭘까? 무엇을 가리켜 신뢰 있는 사람이라고 할 수 있는 걸까?

여기서 중요한 개념이 하나 등장한다. 바로 전망(prospect)이라는 개념이다. 무슨 말이냐고? 신뢰라는 것은 일종의 전망이라는 것이다. 전망이 무엇인가? 미래에 어떤 일이 발생할 것 같은지에 대한 상상이다. 이처럼 신뢰는 미래지향적인 개념이다. 신뢰는 미래에 어떤 사람이 나에게 좋은 일을 할 것이라는 일종의 전망이다. 우리가 신뢰 있다고 판단하는 사람은 그 사람이 미래에 신뢰할 수 있는 언행을 보일 만한 사람이라는 의미다.

그럼 낯선 사람이 미래의 나에게 좋은 일을 할 것임을 어떻게 아는가? 일상에서 그 사람의 과거를 볼 수 없는 개인은 낯선 사람이 현재 어떤 모습을 보이는지, 어떤 언행을 가지는지를 통해 미래를 추론한다. 그 사람의 지금이 미래의 모습으로 이어질 것이라고 추론하는 것이다. 물론 단 한 번의 경험만으로 이런 추론이 정확하기는 어렵다는 것을 우리 모두는 알고 있다. 단 한 번 관찰하고 결혼할 수는 없는 법이다. 이미 부부가 된 사람들은 몇 년에 걸쳐 여러 번 관찰해도 여전히 모르는 것이 많다는 걸 이해할 것이다.

처음의 좋은 모습이 연기일 수도 있기 때문에 여러 번 만나 보고 관찰해야 한다. 재밌는 것은 처음부터 나쁜 모습을 보이면 그 즉시 끝낸다는 것이다. 첫인상의 효과다. 첫 만남에서 연기조차 되지 않는 사람은 멀리하라는 신호가 우리 뇌에서 울려 퍼지는 모양이다.

회사의 경우에는 이력서와 자기소개서, 추천서를 통해 낯선 사람의 과거와 현재를 보려 한다. 서류를 통해 낯선 사람의 과거와 현재를 보고, 이러한 정보를 토대로 미래를 추론해 보는 것이다. 개인이 일상에서 낯선 사람에게 행하는 신뢰성 검증과 회사의 인사담당자가 낯선 사람에게 행하는 신뢰성 검증은 크게 세 가지 영역에 집중한다.

첫째, 인간은 '낯선 사람이 미래에 안정적인 모습을 보일 것인가?'를 검증하려고 한다. '안정적'이라 함은 감정적으로 안정되어 있다는 이야기다. 안정적인 사람은 평정심을 잘 유지한다. 평정심을 유지한다는 것은 타인을 불안하게 하거나, 긴장하게 하거나, 스트레스를 주지 않는다는 것이다. 생각해 보라. 감정이 들쭉날쭉하고, 언제 폭발할지 모르는 시한폭탄 같은 사람과 오래 신뢰하는 관계를 맺을 수 있겠는가? 이런 사람과는 친구가 될 수 없고, 애인도 될 수 없고, 직장 동료가 되기도 어렵다. 그러니 나부터 안정적인 사람이 되어야 하고, 안정적인 사람들과 관계를 맺어야 한다.

둘째, 인간은 '낯선 사람이 미래에 유능한 모습을 보일 것인가?'를 검증하려고 한다. '유능하다' 함은 문제를 해결할 수 있는 실질적 역량을 갖추고 있다는 뜻이다. 남들이 열지 못하는 문을 열어 주고, 남들이 가지 못하는 길을 가 주고, 남들이 하지 못하는 일을 해준다. 반대로 역량이 없는 사람은 문제를 해결하지 못하거나, 더나아가 문제를 만드는 사람이다. 사고뭉치는 문을 열어 달라고 불

행복을 디자인하다

렀더니 문을 부수어 놓는다. 길을 내 달라고 불렀더니, 있는 길도 막아 버린다. 일을 해 달라고 불렀더니, 일을 망쳐 놓는다. 이사하는 것을 도와 달라고 불렀는데, 물품을 떨어뜨리고, 유리를 깨는 친구들이 그렇다. 회사에서는 특히 이런 유능함에 주목한다.

셋째, 인간은 '낯선 사람이 미래에 따뜻한 모습을 보일 것인가?'를 검증하려고 한다. '따뜻하다'함은 타인의 마음을 헤아려 그에 맞추어 말하고 행동하는 모습을 보인다는 것이다. 내가 당하고 싶지 않은 처우는 타인에게도 하지 않으며, 내가 받고 싶은 대우를 타인에게 행한다(황금률). 타인이 받고 싶어 하지 않을 것 같은 말과 행동은 하지 않으며, 타인이 받고 싶어 할 만한 말과 행동을 한다(백금률). 소위 말하는 황금률(golden rule)과 백금률(platinum rule)이다.

따뜻한 사람은 말, 행동, 선물 등등에서 타인에 대한 배려가 묻어 나온다. 이것은 무조건 타인을 위해 일하고, 봉사활동을 한다는 뜻이 아니다. 죄를 지으며 봉사 활동하는 사람을 따뜻하다고 말할 순 없다. 죄를 짓고 나서 손실을 보상해 주었다고 따뜻하다고 하진 않는다. 그때그때 상황에 맞게 행동하고 배려하고 말하며, 판단하고 의사 결정하고, 선물하는 그 사람, 바로 이런 사람이 진정 따뜻한 사람이다. 말할 때와 하지 않을 때, 선물할 때와 하지 않을 때, 행동할 때와 하지 않을 때를 구분할 줄 아는 사람, 할 수 있는 것과 해도 되는 것이 다르다는 것을 구분하는 사람이 따뜻한 사람이다.

회사의 인사담당자에게 보내는 이력서와 자기소개서, 추천서에는 이 세 가지를 검증할 수 있는 이야기들이 담겨야 한다. 이 세 가지와 관련 없는 이야기는 영양가가 없다. 안정적인 사람임을 증명하는 이야기, 유능함을 증명하는 이야기, 따뜻함을 증명하는 이야기가 이력서, 자기소개서, 추천서에 담겨야 한다.

상처받고 싶지 않은가? 사기당하고 싶지 않은가? 그럼 일단 나부터 신뢰 있는 사람이 되자. 그리고 타인이 신뢰할 만한 사람인지 검증하자. 미래적 전망에서 잠재적 적이 될 것 같은 사람은 멀리하라. 불안정하고, 무능하고, 차가운 사람들이 그들이다. 미래적 전망에서 잠재적 파트너가 될 것 같은 사람들과 함께하라. 안정적이고, 유능하고, 따뜻한 사람들이 그들이다.

아직도 잘 모르겠다고? 그럼 학원 강사 같은 말을 할 수밖에……. 신뢰의 조건은 세 가지다. '안정감, 유능감, 따뜻함'. 그냥 외우라!

 리터러시와 건강한 관계

청소년이 등장하는 상담 프로그램을 보다 보면, 다양한 정신적 문제가 등장한다. 상담가, 임상가, 의사는 다양한 문제를 관찰한 후 종합하여 하나의 정신장애진단을 내리게 된다. 장애진단의 명칭은 워낙 다양하고, 치료법에도 차이가 있기에 여기서 다 언급할 수는 없다. 정신장애를 치료하는 전문가가 별도로 존재하는 이유다.

행복을 디자인하다

참고로, 난 인지심리학자이지 정신장애 치료 전문가는 아니다. 하지만 심리학자로서 정신장애에 대해 한마디 덧붙일 수준은 된다. 무슨 말을 덧붙이고 싶냐고? 정신장애는 다양하지만, 그 장애 진단이 내려지기 위해 공통적으로 등장하는 요소가 존재한다는 것이다.

모든 정신장애에 존재하는 보편적인 특성이며, 다른 조건들을 보지 않고, 이 조건 하나가 충족하는지만 보더라도 뭔가 장애가 있다고 말할 수 있다(구체적 장애명은 따로 조사해야겠지만). 수학적으로 표현하면, 정신장애진단을 위한 충분조건(sufficient condition)이다. 충분조건이 무엇인지 가물가물한 이들을 위해 말하자면, 이 세상에 존재하는 사건과 사물, 사람을 특정 범주로 범주화하거나 특정한 결론으로 이끌어 갈 수 있는 보편적이고 공통적인 특성을 말한다.

그럼 정신장애진단에 있어서 이런 충분조건이 되는 것은 과연 뭘까? 굉장히 쉽다. 이것만 기억하라!(외우라!) 바로 "정상적인 사회생활이 가능한가?"다. 우울장애, 반사회성 성격장애, 주의력결핍 과잉행동장애, 틱장애를 가진 사람은 모두 '정상적인 사회생활이 불가능하다.' 그래서 정신장애다.

반면, 우울 장애만이 가지고 있는 독특한 특성은 필요조건(necessary condition)이다. 예를 들면, 무기력이 장기간 유지되는 것을 들 수 있다. 이제 충분조건과 필요조건이 무엇인지 명확해졌는가?

그럼 다시 정신장애진단의 충분조건 이야기로 돌아가자! 여러분은 현재 정상적인 사회생활이 가능한가? 그렇다면, 여러분에게 정신장애는 없다. 여러분은 현재 정상적인 사회생활이 불가능한가? 그렇다면, 뭔가 정신장애가 있는 것이다.

이제 사회생활이 뭔지 궁금해졌다고? 말해 주겠다. 사회생활은 자신이 해야 하는 과업을 수행하면서 공동체 구성원들과 건강한 관계를 맺고, 소속감을 가지고 사는 삶을 말한다. 사회생활에 문제가 있다는 것은 자신이 해야 하는 과업을 수행하지 못하고, 공동체 구성원들과 건강한 관계를 맺지 못하며, 소속감을 가지지 못한다는 것을 말한다.

멀리 갈 것도 없이 가족만 살펴보면 된다. 가족 공동체가 모든 인간에게 존재하는 기본 공동체이기 때문이다. 아이가 양치하기, 머리 감기, 옷 입기, 씻기, 잠자기, 숙제하기 등 자신이 해야 하는 과업을 하지 못하고, 부모를 때리며 부모에게 욕을 하고 가출을 하고 부모와 의사소통이 전혀 안 되고, 그래서 다른 가족 구성원들과 건강한 관계를 맺지 못하고 가족에 대한 소속감을 파괴한다면, 이 아이는 정신적 문제가 있는 아이다. 이러한 아이가 존재하는 것만으로 다른 가족도 자기 생활을 제대로 하지 못한다.

학교 공동체를 살펴보는 것도 좋은 예가 되겠다. 청소년이 학교에서 해야 하는 과업(기초적 지식 향상과 관련된 모든 것)을 전혀 수행하지 못하고, 학교에서 또래 친구들과 건강한 관계를 맺지 못하고, 반이나 동아리 모임에서 소속감을 가지지 못하는가? 뭔가 정신적

행복을 디자인하다

인 문제가 있다. 이런 청소년은 친구가 없고, 교사도 이 아이를 기피하며, 결국엔 외톨이가 된다.

이렇게 보면 '정상적 사회생활이 불가능하다'는 것의 의미가 쌍방향적임을 알 수 있다. 정신장애가 있는 사람은 주변인의 정상적 사회생활을 불가능하게 만든다. 주변인은 정신장애가 있는 사람을 회피하거나 거절하여 그 사람을 더욱 고립시킨다. 정신장애가 있는 사람이 주변에 계속 더 큰 피해나 새로운 피해를 주고, 주변인은 정신장애를 가진 사람을 더 강하게 고립시키는 악순환이 반복된다.

그럼 정신장애가 있는 사람들은 왜 자신이 해야 하는 과업을 못하고, 건강한 관계를 맺지 못하는 걸까? 간단하다. 어떻게 해야 하는지 모르기 때문이다. 무엇이 내가 해야 하는 과업인지 모른다. 어떻게 그 과업을 해야 하는지도 모른다. 무엇이 건강한 관계인지 모른다. 어떻게 해야 건강한 관계를 맺는지 모른다. 무엇을 어떻게 해야 하는지 모르는 상태가 정신장애다.

이를 전문 용어로 말해 볼까? 어려운 말이 아닐까 걱정하지 말라. 전문 용어이지만 여러분이 다 아는 말이고, 특히 21세기 들어 유행하는 말이다.

뭐냐고? 리! 터! 러! 시!(literacy!)다.

들어 보았는가? 리터러시! 과거에는 글을 읽고 쓸 줄 아는 능력에만 리터러시라는 말을 썼지만, 이제는 아니다. 정보통신기술을 활용할 줄 아는 능력에도 리터러시라는 말을 쓰고, 각종 디지털 정보를 활용할 줄 아는 능력에도 리터러시라는 말을 쓰며, 자신의 업무를 이해하고 무엇을 어떻게 해야 할지 이해하는 능력에도 리터러시라는 말을 쓴다. 즉, 리터러시는 사회와 세상을 읽고 해석하는 능력을 의미하는 말로 바뀐 것이다. 그럼 리터러시를 사용하여 정신장애를 다시 정의해 보자. 정신장애는 사회 안에서 자신이 해야 할 과업이 무엇인지와 그러한 과업들을 어떻게 해야 하는지 모르는 상태다.

정신장애가 결국 사회와 세상에 대한 리터러시 문제였다니, 조금 놀랐는가? 놀랄 것 없다. 정신장애가 있는 사람은 특정 상황에서 공동체 구성원들이 편안하게 받아들일 수 있는 말과 행동을 모른다. 상황 파악 관련 리터러시에 문제가 있다는 말이다. 정신장애가 있는 사람은 특정 대상에게 어떤 말과 행동을 해야 할지 모른다. 정신장애가 있는 사람은 특정 과업을 위해 어떤 말과 행동을 해야 할지 모른다.

그런데 이것이 꼭 정신장애진단을 받은 사람들에게만 해당되는 이야기일까? 정신장애진단까지는 아니더라도, 리터러시에 문제가 있는 사람들이 존재하며, 이로 인해 건강한 관계 형성에 문제가 생길 수 있다.

지하철에서 다리를 쫙 벌리고 앉아 있는 사람, 버스 뒷자리에서 두 자리를 차지하고 앉아 있는 사람. 좌석 버스에서 앉은 자리 옆에 가방을 놓고 잠을 자면서(자는 척하면서) 두 자리를 차지하고 있는

행복을 디자인하다

사람, 도서관 문 앞에서 큰 소리로 전화 통화를 하는 사람, 버스 정류장에서 담배를 피우고 땅에 침 뱉는 사람, 걸어가면서 담배를 피우고 담배꽁초를 버리는 사람, 산책하던 강아지가 변을 봤는데 치우지 않고 그냥 가는 견주, 목줄과 입마개를 하지 않고 강아지를 돌아다니게 하는 견주 등등.

이것뿐이랴. 할 말과 하지 않을 말 가리지 못하여 관계를 망치고, 할 일과 안 할 일을 가리지 못하여 관계를 파괴하며, 할 수 있는 것과 할 수 없는 것을 가리지 못하여 관계를 파탄 내는 것도 결국 다 리터러시 문제다. 이쯤 되면 리터러시는 기본 교양이다. 리터러시는 사회생활의 기본 에티켓이자 문화적 규범이다.

기본 교양이 없는 사람을 공동체 구성원이 용납할 수 있을까? 기본 에티켓과 문화적 규범에 어긋나는 사람을 공동체 구성원이 용납할 수 있을까? 이렇게 기본적인 리터러시에 문제가 있으면 사회생활과 건강한 관계 형성에 어려움이 생긴다.

정신장애진단을 받은 사람처럼 모든 사람과의 관계가 다 어렵지는 않더라도 나도 모르는 사이에 차츰차츰 고립과 소외가 심해질 것이고, 어느덧 내가 위기에 처했거나 도움이 필요한 순간에 나를 도와줄 수 있는 사람이 없다는 걸 알게 될 것이다. 기본 교양, 기본 에티켓, 리터러시를 잘 갖춘 사람은 사회 안에서 건강한 관계를 맺으면서 소속감을 가지고 자기 일을 하고, 자신의 사회경제적 지위도 계속 높여 갈 수 있을 것이다.

그럼 리터러시는 어떻게 높일 수 있을까? 어떻게 해야 세상에 대한 이해와 사회에 대한 이해를 높이고, 어떤 상황에서든 적절한 말과 행동을 할 수 있는 사람이 될까?

생각의 범위가 넓어지고, 상상력의 범위가 넓어져야 한다. 내 말과 행동이 미칠 영향, 파급력에 대해 다각도로 상상해 볼 수 있어야 한다. 그래야 실생활에서 그때그때 발생하는 상황에 대한 이해와 해석이 높아져서 말실수, 행동 실수가 줄어들고, 타인에게 상처 주지 않을 수 있다. 그럼 이렇게 생각의 범위가 넓어지려면 어떻게 해야 하냐고? 예나 지금이나 이것 이상의 것이 없다. 독서다! 책을 읽어야 한다!

생각의 범위가 어떻게 넓어질까? 생각이 언어적 상상력이라는 것을 생각해 보면 답이 나온다. 어휘력이 풍부해야 생각의 범위가 넓어진다. 표현력이 풍부해야 생각의 범위가 넓어진다.

시각적·청각적·촉각적 상상력도 물론 도움이 되지만, 이런 감각적 상상력들도 결국 어떤 언어와 매칭을 이룰 때 더 잘 기억나고 더 잘 상상할 수 있다. 빨간색을 상상하려면, 빨간색 혹은 이에 대응하는 말(장미, 피, 불꽃 등)을 알아야 하는 것처럼 말이다.

리터러시의 원래 뜻을 기억하는가? 글을 읽고 쓸 줄 아는 능력이었다. 문해력이다. 문해력이 무엇인가? 어휘력과 표현력이다. 이것이 결국 사고력이고 상상력으로 이어진다! 이런 사고력과 상상력이 다시 건강한 사회생활을 위한 필수적인 교양으로 이어진다.

어휘력과 표현력이 리터러시로 이어지고, 이 리터러시가 건강한 사회생활로 이어지는 인과적 고리를 깨달을 필요가 있다.

행복을 디자인하다

사람은 책을 만들고,
책은 사람을 만든다.

09 | 부모가 만드는 세상에 대한 관점과 태도

 부모의 사회성이 내 사회성이 되다

나는 정신장애를 가진 청소년들을 다룬 TV 프로그램들을 볼 때가 있다. 유명한 상담가 또는 임상(정신과) 분야 전문의사가 출연하여 아이들의 행동을 면밀히 관찰하고, 어려운 전문용어를 쉽게 풀어서 설명해 준다.

청소년들이 가진 문제는 가지각색이다. 사회성 발달의 문제, 인지 발달의 문제, 그 외의 다양한 장애들, 정신장애의 종류가 이렇게 많은가 싶을 정도다. 참고로, 정신장애의 진단과 관련된 소위 『DSM(Diagnostic and Statistical Manual of Mental Disorders)』이라 불리는 책은 깨알 같은 글씨로 썼음에도 불구하고 1,000페이지 정도의 분량을 자랑한다! 책의 두께는 7cm 정도다.

TV에 나오는 상담/임상 전문가들은 이런 분량의 내용을 거의 외우고 있다고 생각하면 된다. 그들이 얼마나 대단한 사람들인지 조금은 이해가 되는가?

TV를 보다 보면 임상과 상담 전문가가 다 큰 어른들을 상담해 줄 때도 있다. '어른이(어른과 어린이의 합성어)'라고 하던가? 마음에 상처 한두 개 없는 사람이 어디 있으랴. 연예인이 나와서 자신의 문제를 이야기할 때면, 저 자리에 오르기까지 마음고생이 심했을 뿐 아니라, 여전히 마음고생을 하고 있다는 걸 알게 된다.

이렇게 상담 전문가가 대하는 대상들에는 청소년도 있고, 어른도 있다. 상담받는 청소년들은 나이대가 다양하다. 초등학교 저학년, 초등학교 고학년, 때론 중학생도 있다. 어른의 나이대도 각기 다르다. 20대, 30대, 40대, 50대에 이르기까지.

상담 전문가가 마주하는 사람들은 모두 살아온 인생이 다르고, 그들이 가진 스토리도 다르고, 성격이 다르며, 문제가 다르다. 그래서 사실 모두 다른 방식으로 상담이 이루어져야 할 것 같아 보인다. 그렇다면, 과연 상담 전문가는 모든 내담자에게 다른 방식의 상담을 적용하고 있는 걸까?

여기서 우리는 한 가지 균형을 잡아야 한다. 심리학적 균형 말이다. 심리학에서 절대적으로 한 방향으로 몰고 가는 것은 없다. 상담도 마찬가지다. 모든 사람에게 공통으로 적용하는 게 있는가 하면, 다르게 할 것도 있다.

쉽게 말해 보겠다. 상담가는 모든 내담자를 진단하기 위해 유사한 절차를 수행한다. 내담자의 진단을 위한 절차는 모든 상담에서 비슷하다는 뜻이다. 그런데 진단을 내린 이후에는 모두에게 다른

행복을 디자인하다

처방을 제시한다. 왜냐고? 그들을 진단한 결과, 각자 가진 장애나 문제, 상황, 환경이 모두 다르다는 걸 알기 때문이다.

이제 균형을 잡았는가? 간단히 정리하자면, 진단에는 늘 그렇게 하는 패턴이 있다. 그러나 치료는 그때그때 다르다. 인지심리학자인 나는 그때그때 다른 치료보다는 모든 사람에게 공통적으로 적용되는 진단 과정에 더 관심이 많다. 어떤 사람의 문제를 파악해 나가는 과정에 공통점이 있다는 것은 인지적 장애나 발달적 장애를 가지게 되는 과정 자체에 유사한 원인이 있다는 뜻이며, 이러한 원인을 제거하거나 낮출 수 있다면 정상적 인지 발달을 유도할 수 있다는 의미이기 때문이다.

그럼 진단은 어떤 과정을 거쳐 이루어질까? 보통 두 단계로 압축할 수 있다. 첫 번째 단계는 상담자 자신의 데이터를 수집하는 과정이다. 즉, 현재 어떤 문제를 가지고 있는지에 대해 직접 보거나(또는 녹화 영상을 본다.), 본인에게 혹은 보호자에게 문제에 대해 듣는다. 어떤 증상이 있는지, 그 증상이 얼마나 오래 지속되었는지 등도 확인한다. 이런 상담자 본인의 데이터 수집을 통해 보통 일차적인 정신질환명을 도출할 수 있다. 우울증이다, 망상이다, 불안이다, 공황장애다 등이 도출된다.

두 번째 단계는 상담자의 부모(또는 부모 역할을 하는 사람)에 대한 데이터 수집의 과정이다. 이는 보통 어린 시절의 기억(대개 충격적이라고 할 만한 사건)을 회상하게 하거나 어린 시절 부모와의 관계를 묻거나, 부모의 성격을 묻거나, 그림을 그려 보게 하거나, 서술

어만 있고 주어나 목적어가 없는 '빈 문장'을 주고 채워 넣게 하거나(문장완성검사), 부모가 언제 돌아가셨는지, 한 부모 가정에서 자랐는지, 조부모 손에서 자랐는지, 입양인지 등을 물어보는 방식으로 이루어진다. 이렇게 상담자의 부모 혹은 부모 역할을 했던 사람의 데이터 수집은 정신질환명을 확정하고 어떤 방향으로 치료를 해 나가야 하는지를 결정할 때 중요한 정보를 제공한다.

TV에 나오는 임상 전문가의 상담에도 이런 두 단계가 그대로 나타난다. 청소년 대상 상담이라면, 청소년의 행동을 관찰한다. 그러고 나서는 부모의 문제(부부 사이의 문제도 포함하여)를 관찰한다. 상담 대상이 어른이라면, 어른의 행동을 관찰한다. 그런 후에는 어른의 부모가 어떤 사람이었는지 질의한다.

대중은 이런 시스템에 대해 크게 의문을 가져 보지 않았을 것이다. 당연히 나에 대해서 묻고, 부모를 물어야지라고 생각했을 것이란 말이다. 그런데 오늘은 당연하다고 생각했던 이 두 단계에 대해 한번 질문해 보았으면 좋겠다. 왜 개인의 정신질환에 대해 진단을 하는데 부모나 부모 역할을 한 사람에 대해 물어보는 걸까? 그냥 나에 대해서만 파악하고, 약을 처방해 주거나, 행동을 교정해 주면 안 되는가?

이 질문의 답 안에는 두 가지 커다란 전제가 있다. 하나는 지금 나타나는 문제가 갑자기 시작된 것이 아니라는 것이다. 현상은 지금 나타났지만, 현상의 원인은 오래되었다. 다른 하나는 지금 나타나는 임상적 문제의 오래된 원인은 대부분 부모라는 것이다. 문제

행복을 디자인하다

아에게는 문제부모가 있다. 문제가 나타나는 원인에는 오래된 가정의 문제가 존재한다.

그리고 이 두 가지 전제를 아우르는 심리학 이론이 있으니, 그것이 바로 그 유명한 애착이론(attachment theory)이다. 애착이론은 두 명의 심리학자가 결정적 기여를 하였는데, 애착이론을 주창한 것은 존 보울비(John Bowlby)라는 사람이고, 이후 이 이론을 발전시키고 정립한 것은 메리 에인스워스(Mary Ainsworth)다.

애착이론이란, "한 사람이 영유아기에서 청소년기를 거쳐 성인이 되기까지 부모 혹은 부모 역할을 하는 사람과 어떤 식으로 관계를 형성했는지가 그 사람의 사회성 발달에 지대한 영향을 미친다."라는 심리학적 가설이다. 임상 및 상담심리학은 이 애착이론이 맞다는 것을 끊임없이 검증하는 학문이라고 해도 과언이 아닐 것이다.

애착이론에서는 크게는 두 가지로, 작게는 네 가지로 사람들이 형성하는 애착을 구분한다. 먼저 큰 틀에서 두 가지로 분류하자면, 모든 개인은 안정 애착 혹은 불안정 애착 둘 중 하나에 들어간다.

안정 애착과 불안정 애착은, 그 이름에 드러나 있듯이, 좋은 것이 있고 나쁜 것이 있다. 안정 애착은 좋은 것이다. 쉽게 표현하자면, 성격 좋다고 할까? 감정을 적절히 관리할 줄 알고, 인간관계도 적절히 형성할 줄 알며, 사랑도 할 줄 알지만, 건강하게 이별할 줄도 안다. 타인을 배려하지만, 자신에게 피해를 주는 사람에게까지 배려하진 않는다. 타인을 존중하면서 나 자신도 지킬 줄 안다. 건강하게 관계를 형성하고, 사회생활을 해나가는 바람직한 상태이다.

불안정 애착은 아쉽게도 나쁜 것이다. 안정 애착과는 모든 것에서 반대다. 감정 관리가 안 되고, 인간관계 형성이 잘 안 되며, 사랑할 줄 모르고, 건강하게 이별할 줄도 모른다. 타인에게 배려만 하면서 이용당하거나, 반대로 타인에게 극도의 피해를 준다. 타인에게 끌려다니거나 나만 지키거나 둘 중 하나다. 이런 상태는 인간에게 바람직하지 않다.

그럼 이 세상에 안정 애착인 사람과 불안정 애착인 사람은 어느 정도씩 분포할까? 다행인지 불행인지 모르겠으나 딱 반반이다. 인구 구성원 중 안정 애착도 50%고 불안정 애착도 50%다. 여러분이 오늘 낯선 사람을 두 명 만난다면, 그중 한 명은 불안정 애착이란 뜻이다. 이렇게 생각하면, 사실 좀 두렵다. 이 세상에 불안정한 사람이 절반이나 된다는 뜻이니 말이다.

그런데 이게 끝이 아니다. 불안정 애착은 다시 세 가지 세부 유형으로 나눌 수 있다. 회피형, 불안형, 양가형(혼란형)이다. 아까 애착을 작게 나누면 네 개라고 했던 것은 불안정 애착이 이렇게 세 가지로 나뉘기 때문이었다.

최종적으로 애착을 세부적으로 나누면 안정형, 회피형, 불안형, 양가형이 존재한다.

- 회피형은 혼자가 편한 스타일이라고 보면 기억하기 쉽다.
- 불안형은 혼자이면 불안하다는 의미로 이해하면 외우기 좋다.

행복을 디자인하다

• 양가형은 회피형과 불안형이 섞여 동시에 나타나 혼란스럽다고 보면 되겠다(떠나면 불안해하다가, 다가가면 멀어지려고 함).

그럼 안정형 애착 혹은 불안정형 애착은 어디에서 시작되는가? 그냥 타고나는 것인가? 아니다. 이런 걸 타고날 리가 있겠는가! 바로 영유아기와 청소년기에 부모나 부모 역할을 하는 사람과 어떤 관계를 맺었는지, 부모(부모 역할자)가 어떤 사람이었는지가 안정 애착과 불안정 애착을 결정한다.

사실, 아까 말한 안정 애착인 사람의 특성은 그 사람 부모의 특성이기도 하다. 감정을 적절히 관리할 줄 알고, 인간관계도 적절히 형성할 줄 알며, 사랑도 할 줄 알지만 건강하게 이별할 줄도 알고, 타인을 존중하면서 나 자신도 지킬 줄 아는 부모(부모 역할자)에게서 그런 안정적인 애착을 가진 사람이 성장한다.

그러나 감정 관리가 안 되고, 인간관계 형성이 잘 안 되며, 사랑할 줄 모르고 건강하게 이별할 줄도 모르며, 타인에게 이용당하거나, 타인에게 극도의 피해를 주는 부모(부모 역할)에게서 그런 불안정한 애착을 가진 사람이 성장한다. 이제 좀 더 잘 이해가 되었을 것이다. 왜 정신적 문제를 진단하기 위한 상담의 시작은 나지만, 그 끝에는 항상 부모(부모 역할자)가 있는지 말이다.

부모를 탓하고 원망하진 말자. 왜냐고? 그 부모의 부모도 그런 사람이었을 가능성이 크기 때문이다. 여러분은 불안정한 청소년기를 보낸 부모님을 이해해 보려고 하고, 긍휼히 여기는 마음을 품어

보면 좋겠다. 사실 불안정 애착의 대물림은 누구의 탓도 아니다. 그저 애착을 적절히 형성하는 법을 배운 적이 없기 때문이랄까.

이런 측면에서 심리학적 지식이 다시 한번 중요해지는 것 같다. 애착이라는 중요한 지식을 사람들에게 전달해서 스스로를 진단하게 하고, 자기 자신에 대한 진단을 토대로 스스로를 훈련시켜 간다면, 불안정 애착도 안정 애착 상태로 만들어 갈 수 있기 때문이다. 내가 불안정 애착인 것 같은가? 이제 불안해하지 말기를. 괜찮다. 이걸 알게 된 것만으로도 당신은 안정 애착으로 가는 첫걸음을 내디딘 것이다.

나는 우리 사회에서 안정 애착의 정규분포(normal distribution)를 보고 싶다. 인구의 80%가 평균적으로 안정형 애착에 도달해 있는 그런 사회 말이다. 불안정한 사람들이 50%나 되는 편중된 사회보다는 안정적인 사람들이 80%를 이루는 사회가 지금보다 훨씬 건강한 사회가 되지 않을까?

언젠가는 볼 수 있길 희망해 본다.

행복을 디자인하다

이상하게 회피형과 불안형이 만나요

행복한 부모 아래 행복한 자녀들이 있다. 당연한 말이지만 이 말을 실천해서 행복한 가정을 만들어 가는 것은 쉬운 일이 아니다. 자기 자신이 불행한 어린 시절을 보냈다고 말하는 사람들이 전체 인구의 50%나 되니 말이다. 이혼율이 50%가 넘는 것과도 관련이 있어 보인다.

건강하고 행복한 부모는 다음과 같이 행동한다.

- 아이들의 요구에 적절히 응해 주고, 응해 주지 못할 때는 그 이유를 설명한다.
- 아이들의 말을 무시하지 않고, 경청한다.
- 아이와의 약속을 사소한 것이라도 지킨다.
- 훈육을 할 때, 화를 내지 않고 설명한다.
- 아이를 두고 나갈 때, 항상 갔다가 돌아온다는 표현("갔다 올게!")을 하고, 약속한 시간에 돌아온다.

건강한 부모 아래에서 자란 아이들은 안정적 애착을 가지게 된다. 안정적 애착의 사람들은 다정다감하고, 소통 능력이 뛰어나며, 다른 사람들과의 친밀감에 익숙하고, 필요할 경우 스스럼없이 도움을 청한다. 이들은 다른 사람들 또한 다정다감하게 잘 호응해 줄 거라고 믿고, 또한 자신과의 관계를 손상하기보다는 증진하는 행동을 할 것이라 믿기 때문에 그런 문제들에 대해 별걱정을 하지 않는다. 감정 조절을 잘하고, 자신을 지키면서도 타인을 존중한다. 인간관계를 통해 성공의 기회를 만들어 내기도 하고, 자신이 타인에게 그런 기회를 제공해 주기도 한다. 한마디로 사회생활을 잘한다. 사회성 발달이 적절히 이루어졌다고 볼 수 있겠다.

그러나 모든 부모가 다 건강한 것은 아니다. 여기 건강하지 못하고 불안정한 부모의 첫 번째 유형을 보자. 이런 부모는 다음과 같이 행동한다.

- 아이들의 요구에 적절히 응해 주지 않고, 응하지 않는 이유를 설명하지 않는다.
- 아이들의 말을 무시하고, 언어적으로("저리 가!"), 비언어적(경멸의 눈초리)으로 거부 의사를 표출한다.
- 아이와의 약속을 지키지 않는다.
- 훈육할 때, 화를 내고, 혼내는 이유를 설명하지 않는다.
- 아이의 자율적 선택을 인정하지 않고, 하지 말라고 하는 것은 많은데 적절한 대안을 제시하지 않는다.

이런 유형의 부모 아래에서 자란 아이들은 회피형 애착을 가지게 된다. 회피형 애착을 가진 사람들은 자기만의 공간을 가지고 싶어 하며, 타인이 자신의 영역을 침범하는 걸 싫어한다. 자신의 감정을 제대로 통제하지 못한다(분노하고, 짜증이 많고, 신경이 예민함).

행복을 디자인하다

공감 능력이 부족하다. 관계 문제나 거부당하는 일(이들은 주로 자기 쪽에서 거부하는 편임)에 대해 (의식적으로) 걱정을 하지 않는다. 이들은 가능한 한 독립적이 되려고 애쓰며, 사람들과의 관계에서는 거리를 두려 한다. 타인의 삶과 행동에 별로 관심이 없다. 그래서 대체로 까다롭고, 오만하며, 용서를 잘 안 한다. 자기애가 강하고, 허세가 많다.

불안정한 부모의 두 번째 유형도 있다. 이런 부모는 다음과 같이 행동한다.

- 아이에게 아무 말도 없이 나갔다가, 아무 말 없이 돌아온다.
- 건강 상태가 좋지 않고, 실제로 몹시 아프거나 너무 일찍 세상을 떠난다.
- 이혼하거나 이혼을 할 것 같은 느낌을 준다.
- 예측 불가능한 순간에 (웃고 있다가) 불같이 화를 내면서 언제 폭발할지 모른다는 느낌을 준다.
- 이런 과정에서 아이는 늘 불안해하게 되고, 늘 다른 안정적 관계를 갈망하게 된다.

이런 유형의 부모 아래에서 자란 아이들은 불안형 애착을 가지게 된다. 불안형 애착을 가진 사람들은 자신의 관계들에 집착한다. 감정 조절을 못하는데, 회피형이 느끼는 감정이 아니라, 걱정, 불안, 근심, 공포를 많이 느끼고 조절하기 힘들어한다. 이들은 상대방과 가까워지길 원하고 또 상대방이 자신에게 관심이 있는지에 대해 걱정이 많아서 애정에 굶주린 사람 또는 집착이 강한 사람으로 보이기 쉽다.

불안정한 부모의 마지막 유형은 최악의 부모라고 볼 수 있겠다. 최악의 부모는 다음과 같이 행동한다.

- 아동을 학대한다.
- 아동을 방치하고, 정서적으로 학대한다("버리고 떠나 버린다!"라는 말을 함).
- 성적으로 학대하고(성폭력), 신체적으로 학대한다(물리적 폭력).

이렇게 학대하는 부모 밑에서 자란 아이는 양가형(혼란형) 애착을 가지게 된다. 양가형 애착을 가진 사람은 관계에 집착하다가 막상 옆에 사람이 있으면 제대로 대화를 하려고 하지 않는 것처럼 모순되어 보이는 행동을 한다. 이들은 두려움에 찬 표정이나 멍한 표정을 짓는 경우가 많다(영혼이 없어 보인다고 할까). 말에 맥락이 없고 어수선하다. 말을 하다가 갑자기 침묵하고 20초 후에 그 문장을 끝내는 식이다. 마치 시간이 전혀 지나지 않았거나 말하려던 걸 제대로 마무리하지 못한 것처럼 말이다. 관계를 제대로 맺을지 말지 고민만 하다가 관계를 적절하게 형성할 타이밍을 놓친다. 회피형에서 나타나는 분노, 짜증, 예민 그리고 불안형에서 나타나는 공포, 불안, 걱정, 근심이 교차하면서 정서적으로 매우 혼란스러운

행복을 디자인하다

상태다.

회피형 애착은 전체 인구의 24% 정도를 차지한다. 불안형 애착도 전체 인구의 24% 정도다. 양가형은 전체 인구의 2% 정도인데, 이는 청소년의 2% 정도가 가정에서 학대를 받고 있을 가능성(적어도 방치당함)을 시사한다. 양가형은 누군가와 관계 자체를 맺는 것이 거의 불가능하고, 전문가의 상담과 치료가 꼭 필요한 집단이라고 볼 수 있다.

회피형과 불안형은 안정적인 애착을 가진 사람을 만나면 어느 정도 개선될 수 있다. 회피형이나 불안형이 안정형의 사람을 만나면 안정적 성격에 대해 보고 배우는 것이 생긴다는 뜻이다. 회피형이나 불안형 주변에 안정형 친구들이 많다면 도움이 되고, 애인(로맨틱한 파트너)을 사귈 때 안정형인 애인을 만난다면 자신의 불안정한 애착을 안정형으로 바꾸는 것에 도움을 받을 수 있다.

그러나 실제 현실은 이렇게 쉽게 쉽게 흘러가지 않는다. 일단 회피형이 회피형 친구나 애인을 만나는 것은 거의 일어나지 않는다. 서로 회피하기에 관계가 형성되지 않는다. 그래서 논외로 하자. 문제는 불안형이 또 다른 불안형을 만났을 때와 회피형이 불안형을 만날 때 나타난다.

자신이 불안형인 걸 알면 안정형을 만나면 좋을 텐데, 자신이 회피형인 걸 알면 안정형을 만나면 될 텐데, 정말 이게 무슨 아이러니인지, 불안형과 회피형은 좀처럼 안정형과 사귀지 못한다. 안정형은 안정형끼리 사귀어서 더 안정적이 되고, 불안정형은 불안정형

끼리 사귀면서 더 불안정해진다고 할까?(있는 자가 더 있게 되고, 없는 자가 더 없게 되는 비극이 일어나는 것이다!)

먼저, 회피형은 불안형을 만나는 것을 선호한다. 자신이 원하면 불안형은 언제든지 만나 주기 때문이다. 한참 연락하지 않다가도 자신이 필요할 때 연락하면 불안형은 모든 걸 용서한다는 듯이 만나 주니 얼마나 좋은가?

회피형이 불안형을 선호하는 또 다른 이유는 회피하는 핑계를 찾기 쉽기 때문이다. 무슨 말이냐고? 말했지 않은가? 불안형은 집착이 심하다고 말이다. 회피형은 불안형의 이런 집착을 잠수 타는 것의 핑계로 삼는다. 예를 들어, 불안형이 조금이라도 집착하는 모습을 보이면("어디야?"라고 문자 보내면), 그걸 핑계로 삼아 "네가 집착하니까 내가 피하는 거야."라고 말하면서 만나 주지 않는다. 그러다가 또 자기가 필요할 때 연락한다. 불안형은 또 만나 준다! 그러면서 계속 서로 더 불행해진다.

눈치챘겠지만, 불안형도 회피형을 선호한다. 왜냐고? 자신의 불안을 감출 수 있기 때문이다. 자신이 불안하고 집착하는 것은 상대방이 회피하기 때문이다. 나는 원래 불안한 게 아니라, 상대가 자꾸 회피하기 때문에 불안한 거다! 그러면서 건강하지 않은 관계를 계속 끌고 간다. 이런 사람들끼리 결혼하면, 그 가정이 제대로 굴러갈 리가 없다.

남자 회피형과 여자 불안형이 만나면, 어떤 일이 발생할까? 남자는 계속 피하고, 여자는 계속 집착한다. 여자는 남자가 피하면

행복을 디자인하다

자살 소동을 벌이고, 남자는 못 이기는 척 만나 준다. 여자의 집착이 도를 넘는다고 생각하면, 남자는 여자에게 폭력을 행사할 수도 있다. 소위 말하는 데이트 폭력이다.

여자 회피형과 남자 불안형이 만나면, 어떤 일이 발생할까? 여자는 남자를 계속 피하고, 남자는 계속 집착한다. 여자가 피하면, 남자는 의심하고 폭력적으로 변한다. 심하면 여자에게 물리적 폭력을 가할 수도 있다. 이것도 데이트 폭력이고, 살인으로 갈 수도 있다.

불안형과 불안형이 애인으로 만나면, 상황은 더 좋지 않다. 서로 집착하고, 서로의 사랑을 의심하고, 서로가 서로에게 만족하지 못해서 자신에게 약간이라도 관심을 보이는 다른 사람에게 끊임없이 끌리고, 그러다가 실제로 바람을 피운다. 그리고 핑계를 댄다. "내가 바람 피운 이유는 네가 날 만족시키지 않았기 때문이야." 그리고 관계가 끝장난다. 생물학적으로 여자보다 힘이 센 남자는 이런 상황에서 여성에게 폭력을 행사할 수 있다.

이처럼 불안정한 사람들끼리 맺는 관계, 특히 애인 관계는 그 끝이 다 좋지 못하다. 이렇게 관계가 좋지 않은데 어찌 행복할 수 있을까. 제발 부탁이다. 자신이 불안정한 애착이라고 생각된다면, 꼭 안정적인 사람과 만나시라. 나 자신이 안정적인 사람으로 변화하는 것에 안정형 애착의 사람과 만나는 것만큼 좋은 방법은 없어 보인다. 건강한 인간관계를 관찰 학습할 수 있기 때문이다. 어려서 배우지 못한 것을 커서 보고 배운다고 할까.

누군가는 말한다. 건강한 관계가 사람을 행복하게 만든다고. 그런데 애착 이론을 알고 나면, 이것이 헛소리임을 알게 된다. 오히려 반대다. 부모가 행복해야 자녀가 행복하고, 행복한 자녀가 건강한 관계를 맺는다.

건강한 관계는 행복의 원인이 아니라, 행복이라는 원인의 결과이다. 성공해야 행복한 게 아니라, 행복해야 성공한다는 말이 건강한 관계에도 적용된다. 건강한 관계가 인간을 행복하게 하는 것이 아니라, 안정적이고 행복한 인간이 건강한 관계를 맺는 것이다!

행복을 디자인하다

10 │ 안정적인 나 가꾸기

 같이 일하고 싶은 사람이 되려면

한국인은 어려서부터 "인성이 좋아야 한다."는 말을 많이 듣는다. 실력이 전부가 아니다. 인성이 좋아야 한다. 인성 자체가 하나의 경쟁력이다. 비슷한 실력의 프로들이 모여 있으면, 인성 좋은 자가 최후의 승자가 된다. 심지어 취업하기 위해서는 인성 검사를 통과해야 하고(군대를 갈 때도), 인성 면접을 통과해야 한다. 여기도 인성, 저기도 인성. 그런데 문득 궁금해진다. 인성이 뭐지?

인성을 얘기하는 사람도 많고, 인성이라는 단어가 쓰여 있는 글도 많지만, 정작 인성이 뭔지를 이야기하는 사람이나 글은 별로 없어 보인다. 그래서 한번은 대학생들에게 물어보았다. 인성이 뭐냐고. 정의를 내리지 못했다. 꿀 먹은 벙어리가 되어 버렸다. "인성이 그냥 인성이죠." 흐음……. 이런 식의 답이 나온다는 것은 그냥 모른다는 뜻이다.

채용면접관으로 참여할 기회가 있었을 때도 면접자들에게 물어보았다. 지금 하고 있는 게 인성 면접인데 인성이 뭐라고 생각하냐고. 그런 질문은 예상하지 못한 걸까? 예상문제집에 이런 원론적인 질문은 없었고, 준비를 못 해서 당황한 걸까? 대답을 못 한다. "죄송합니다."가 대답이다. 한마디로 모른다는 의미다. 인성 면접에 인성이 뭔지도 모르고 참여하다니…….

더 아쉬운 것은 그 자리에 있는 면접관들도 아무래도 인성이 뭔지 모르는 것 같다는 것이다. 심지어 인사과에서 채용면접 질문 가이드라인을 작성하는 사람들도 인성이 뭔지 모르면서 어디서 질문 예시만 베껴 온 것 같다.

이게 뭘까……. 인성이 뭔지 모르는 사람들이 인성 면접 심사를 보고 심지어 점수를 부여한다. 인성이 뭔지 모르는 사람들이 인성 면접을 보러 온다. 이런 식의 채용 과정이 무슨 의미가 있으며, 과연 제대로 된 인재를 뽑을 수 있을까? 그러니 취업준비생은 늘 갈 데가 없다 하고, 회사는 늘 뽑을 사람이 없다 하는 아이러니가 생길 수밖에.

그럼 이국희 너는 인성을 아냐고? 안다. 나는 인성이 무엇인지 분명히 안다. 인성이란 어떤 사람이 믿을 수 있는 사람인지 아닌지를 구분할 수 있는 말, 행동, 태도, 습관을 의미한다. 언행심사라고 하지 않던가. 말(言), 행동(行), 마음(心), 습관(事, 일이라고 볼 수도 있으나, 늘 하는 습관으로 해석하는 것이 정확하겠다.)을 통해 우리는 한 사람의 인성을 알 수 있는데, 여기서 알게 되는 인성은 곧 그 사

행복을 디자인하다

람이 믿음직한지 아닌지를 말해 준다.

다르게 표현하자면, 인성은 어떤 사람의 말, 행동, 태도, 습관을 통해 드러나는 신뢰의 표식이다. 이제 알겠는가? 인성은 곧 신뢰의 지표다. 신뢰가 관계와 협력의 기본 조건이라는 점에서 본다면, 인성은 건강한 관계, 건강한 협력을 할 수 있는 사람인지 아닌지를 구분해 주는 지표라 할 수도 있겠다.

회사에서 누구와 같이 일해야 할까? 인성 좋은 사람? 맞다. 다른 말로 신뢰할 수 있는 사람, 믿을 수 있는 사람이다. 누구와 친구가 되어야 할까? 인성 좋은 사람? 맞다. 친구의 신의를 저버리지 않을 사람, 뒤통수치지 않을 사람이다. 누구와 결혼해야 할까? 인성 좋은 사람? 맞다. 부부간의 신뢰를 저버리지 않을 사람, 배신하지 않을 사람이다.

회사의 인성 면접은 신뢰할 수 있는 사람인지를 검증하는 검사여야 하는 것이고, 인성 검사라는 것도 신뢰할 수 있는 사람인지를 검증하는 검사여야 하는 것이다. 인성 검사가 또라이나 사이코를 걸러 내기 위한 소극적인 목적의 검사라고 착각하지 마시라. 인성 면접이 소위 말하는 이상한 사람을 걸러 내기 위한 소극적 목적의 면접이라고 착각하지 마시라. 인성 검사나 인성 면접은 믿을 만한 사람을 뽑기 위한 적극적 과정인 것이지, 믿지 못할 사람을 떨어뜨리는 과정이 아니다.

자, 그럼 믿을 만한 사람과 같이 일하기 위해서, 믿을 만한 사람과 친구가 되기 위해서, 믿을 만한 사람과 부부가 되기 위해서 우리는 무엇에 주목해야 할까? 반대로 나 자신이 믿음직하고 같이 일하고 싶은 사람이 되기 위해서, 나 자신이 믿을 만한 친구가 되기 위해서, 나 자신이 신뢰를 주는 배우자가 되기 위해서는 어떤 연습과 훈련을 해야 할까?

여러 가지가 있지만, 여기서는 딱 한 가지만 이야기하려 한다. 바로 분노를 적절히 다루어서 제거하는 방법을 연습하고 훈련해야 신뢰할 수 있는 사람이라는 것이다. 분노를 적절히 다루고 제거하는 방법을 모르는 사람과는 같이 일할 수 없고, 친구가 될 수 없으며, 부부가 될 수 없다.

신뢰가 건강한 관계와 협력의 표시라는 측면에서도 얘기할 수 있다. 분노를 적절히 다루고 제거하지 못하는 사람과는 건강한 관계를 맺을 수 없다. 분노를 적절히 다루고 제거하지 못하는 사람과는 건강한 협력을 할 수 없다. 분노를 다루고 제거할 줄 아는 사람이 되어야 공동체의 신뢰를 얻을 수 있는 것이다. 당신도 누군가를 볼 때, 분노를 다루고 제거할 줄 아는 사람인지 아닌지를 살펴봐야 한다.

간혹 분노를 다루고 제거한다고 하면, 분노를 표출해서 카타르시스를 느껴야 한다고 생각하거나, 반대로 분노를 꽁꽁 싸매서 누르고 또 누르는 것으로 생각하는 이들이 있다. 그래서 분노를 표출하기 위해 주먹으로 벽을 치고, 소리를 지르고(목소리가 커지고), 인상을 쓰고 욕을 하거나, 난폭 운전을 하고(보복 운전도 하고), 문을 쾅 닫고, 자판기를 발로 찬다. 아니면 그냥 타인의 시선을 피하고,

행복을 디자인하다

말을 하지 않으면서, 이를 악물고 참고 참고 또 참는다.

그러나 이런 식의 분노 표출과 분노 억제는 분노를 다루는 것과는 거리가 멀다. 정확히 표현하자면, 분노 표출과 분노 억제는 모두 분노를 다루는 올바른 방법이 아니다. 분노를 표출하면 분이 풀린다고? 도대체 어디서 이런 거짓말이 시작된 걸까? 분노를 표출하면 절대 분이 풀리지 않는다. 분이 더 증가한다. 화가 화를 부른다고나 할까? 분노가 또 다른 분노를 불러서 계속 더 크게 분노하게 된다. 분노 표출은 불난 집에 부채질 내지는 불난 집에 휘발유 붓기일 뿐 절대 분노 다루기가 아니다.

반대로 분노를 참고 또 참고, 누르고 또 누르면 분노가 없어질까? 미안하지만, 이렇게 한다고 해서 분노는 없어지지 않는다. 언제 터질지 모르는 시한폭탄이 될 뿐이다. 속으로는 앙심을 품고 있고, 마그마의 불꽃이 타오르고 있다. 겉으로는 웃고 있지만, 속에는 날카로운 비수를 품고 있거나 미사일 여러 발이 발사 준비 중이다.

결국 이렇게 참고 참고 또 참던 사람들이 한 번 폭발하면, 엄청난 언어적 폭력이나 물리적 폭력이 휘몰아친다. 허리케인이 휩쓸고 지나가고, 지진이 일어나며, 화산이 폭발한다. 그리고 나면 다들 놀란다. 저 사람 갑자기 왜 그러는 거야? 안 그러던 사람이 왜 저래? 그러나 그 사람은 갑자기 그런 것이 아니다. 그동안 분노를 다루지 못하고, 쌓아 온 것이 임계점을 넘으면서 폭발한 것이다.

이처럼 분노를 표출하는 방식과 억제하는 방식은 둘 다 부적절하다. 분노는 다루어야 하고 제거해야지, 표출한다고 해결되지 않고 억제한다고 눌러지지 않는다. 생각해 보라. 분노를 표출하는 사람을 신뢰할 수 있던가? 욕하고, 짜증내고, 화내고, 공격성을 드러내는 사람과 협력하면서 믿음의 관계를 유지할 수 있던가? 불가능하다. 처음 몇 번은 참아 줄 수 있겠지만 장기적으로 좋은 관계를 맺긴 어렵다.

또한 가만히 있다가 갑자기 폭발하고, 느닷없이 크게 소리 지르며, 뒷목 잡고 쓰러지는 사람과 신뢰 관계를 유지할 수 있는가? 이것도 불가능하다. 이런 사람이 옆에 있으면, 그 자체로 불안하고 늘 눈치 보고 스트레스가 쌓일 것이다. 그래서 우리는 건강하게 분노를 다룰 줄 알아야 하고, 제거할 줄 알아야 하며, 이런 걸 할 줄 아는 사람과 함께 일하고, 친구가 되고, 부부가 되어야 한다.

그럼 분노는 어떻게 다뤄야 할까? 화 나는 일이 있을 때 어떻게 해야 지혜로운 걸까? 일단은 심호흡을 하면서 화가 나는 상황 자체에서 멀어져야 한다. 잠시 거리두기를 하는 것이다. 산책을 하거나, 음악을 듣거나, 명상을 하거나, 영화를 보거나, 독서를 하자(종교적 서적도 좋고). 마음을 차분하게 할 수 있는 것이면 무엇이든 좋다.

그러면서 나를 화나게 한 그 상황이 어떻게 전개되었는지를 살펴본다. 내가 화가 난 이유를 머릿속으로 정리정돈해야 한다. 사람 때문에 화가 났다면, 그 사람의 어떤 특성과 어떤 말과 행동이 나를 화나게 한 것이지, 상황 때문에 화가 났다면, 상황의 어떤 특성이

행복을 디자인하다

나를 화나게 한 것인지를 분명히 할 필요가 있다.

그런 다음, 앞으로 그런 상황을 피하기 위해, 비슷한 경험을 하지 않기 위해 어떻게 해야 할지를 떠올려 보자. 일단 여기까지 하면, 분노가 슬슬 가라앉고 슬슬 제거되기 시작할 것이다. 이제, 그렇게 화가 나는 상황을 통해 혹시 배운 점이 없는지, 분노한 상황을 통해 깨달은 점이나 삶의 지혜나 교훈을 얻은 것이 없는지 돌아보자. 아무리 화가 나는 상황이지만, 의미를 찾을 수 있을 것이다. 분명히 있을 것이다.

혹은 분노한 사람이나 상황을 다르게 볼 수는 없었는지 살펴보자. 제삼자의 입장이라면 나를 화나게 한 사람이나 상황을 어떻게 평가할지, 제삼자의 입장이라면 화가 난 나를 어떻게 평가할지 생각해 보자. 때로는 그렇게까지 화가 날 일이 아닌데 과민 반응한 것이 아닌지 돌아볼 필요도 있다. 과민 반응한 것이라면, 내가 혹시 밥을 먹지 않아서 민감했던 것인지, 잠을 잘 못 자서 민감했던 것인지, 스트레스가 심하고 업무가 많아 피곤해서 민감했던 것인지 살펴보도록 하자.

그리고 평소에 유산소 운동을 30분 이상 하자. 운동을 하면서 땀을 흘리면 그것 자체로도 분노를 낮출 수 있게 되고, 화가 났던 날 밤에 잠을 잘 자게 할 것이다. 운동을 한 후엔 몸을 마사지하면서 긴장을 낮춰 주도록 한다. 이렇게 해서 잠을 잘 자면, 수면 자체가 분노를 제거하는 효과를 발휘하면서 다음 날 훨씬 좋은 기분을 느끼게 해 줄 것이다.

- 분노와 거리두기
- 분노의 이유 찾기
- 분노를 다른 관점에서 살펴보기
- 분노에서 배운 점과 인생의 의미 찾기
- 운동하고, 마사지 하고, 숙면 취하기

분노는 이렇게 다루는 것이다. 이렇게 분노를 다루면, 분노가 약해지고 제거된다. 이렇게 분노 다루기 연습을 적절히 수행한 사람은 어떤 상황에서도 냉정을 잃지 않을 것이다. 다른 사람들에게 차분한 사람으로 평가받을 것이고, 지혜로운 사람으로 평가받을 것이며, 평안하고 안정적인 사람으로 평가받을 것이다. 함께 일하고 싶은 사람이 되고, 함께하고 싶은 친구가 되며, 함께하고 싶은 반려자가 될 것이다.

믿음직한 사람은 분노를 잘 다룬다.

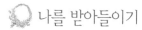 나를 받아들이기

인간은 혼자 살 수 없고, 혼자 살지 않는다. 혼자 사는 것이 생존과 번영에 결코 도움이 되지 않음을 지난 수만 년 동안 배워 왔고,

그 배움을 우리 뇌에 새겨 버렸기에 혼자 살려는 어리석음을 웬만하면 범하지 않는다. 이기적 유전자 이론을 보라. 인간의 유전자에는 생존과 번영을 위한 지침들이 담겨 있는데, 그중에는 공동체와 함께하면서 이타적으로 행동하라는 지침도 있다.

왜냐고? 이타적으로 행동하면서 공동체와 협력하고 신뢰를 얻어야 공동체 구성원들과 함께할 수 있고, 생존할 수 있으며, 결국 그 유전자가 널리 널리 오래도록 퍼져 나갈 수 있기 때문이다. 한 개인은 출생과 사망이 있지만, 유전자는 우주가 없어질 때까지 살아남을 수도 있다. 이렇게 이기적 유전자는 이타적으로 행동하면서 살아남는다.

공동체 구성원에게 협력하고 신뢰를 획득한다는 것은 공동체 구성원들, 즉 나를 둘러싸고 있는 사람들에게 평가를 받는다는 것을 의미한다. 우리는 누군가를 만날 때마다 평가를 받고 있다. 나를 주목하고 있는 그 사람의 머릿속 계산기가 나에게 점수를 부여하고 있는 것이다.

요즘에는 길거리 곳곳에 CCTV가 설치되어 있고, 자동차마다 블랙박스 카메라가 달려 있고, 스마트폰으로 언제든 촬영이 가능하기에 나와 별로 관련 없는 사람도 나를 주목하여 평가할 수 있는 시대다. 현대인은 페이스북, 인스타그램, 카카오톡 같은 온라인 세계에서도 평가를 받는다. 심지어 결혼정보업체에 자신의 정보를 입력하여 평가를 받기도 하고, 링크드인과 같이 구인자와 구직자를 매칭하는 곳에 자신을 공개하여 평가받기도 하며, 유튜브에 자신이 등장하는 영상 콘텐츠를 올려 평가받기도 한다. 배달앱을 통해 음식을 시켜 먹으면서 음식점 사장과 배달원까지도 평가를 하고, 택시 앱을 통해 택시를 부르고 택시 기사를 평가한다.

여러분도 마찬가지일 것이다. 아침에 일어나서 밤에 잠을 잘 때까지 사람들을 만나고, 마주치고, 스쳐 지나갈 때마다 무의식적으로 혹은 의식적으로 누군가를 평가한다. 그리고 우리는 가시적으로 때론 비가시적(암묵적)으로 공동체 구성원들이 나를 어떻게 평가하고 있는지에 대한 종합 성적표를 확인할 수 있다.

여러분은 어떤 평가를 받고 있는가? 여러분 각자는 공동체 구성원들에게 긍정적 평가를 받고 있는가, 아니면 부정적 평가를 받고 있는가? 긍정적 평가를 받는 영역은 무엇이며, 부정적 평가를 받는 영역은 무엇인가? 긍정적 평가를 받는 영역은 당신이 관심을 가지고 중요하다고 생각하는 영역인가? 혹은 긍정 평가를 받은 영역은 공동체 구성원들이 중요하다고 생각하는 영역인가? 아니면 별 상관 없는 영역에서 긍정 평가를 받았는가? 부정적 평가를 받은 부분은 당신이 평소 중요하다고 생각하고 신경 쓰는 부분인가? 아니면, 당신이 특별히 주의를 기울이지 않는 영역인가? 부정 평가를 받은 부분은 공동체 구성원들 입장에서는 아주 중요한 부분인가?

공동체가 여러분을 어떻게 평가하는지에 대한 소식이 들려올 때마다(혹은 눈치로 알게 될 때마다) 당신은 스스로에게 이런 질문을 던질 것이고, 이런 질문을 통해 자기 자신에 대한 정보를 업데이트할 것이다. 그리고 당신은 긍정적인 평가는 긍정적인 평가대로, 부정적인 평가는 부정적인 평가대로 수용하여 자기 자신을 더 발전시키는 토대로 만들어 갈 것이다.

한 걸음 더 나아가, 부정 평가는 계속 줄여 가려고 하고, 긍정 평가는 계속 증진시켜 가려고 하게 될 가능성이 높다. 긍정 평가를 받은 부분은 계속 확장해 갈 것이다. 부정 평가를 받은 부분은 하지 않으려고 노력할 것이다. 만약 부정 평가를 받은 영역이 공동체 구성원들이 중요하게 생각하는 것이라면, 개선하고 진보시키는 방법을 사용할 수도 있다.

어쩌면 이런 게 인생이겠다. 공동체가 나를 어떻게 평가하는지에 대한 정보들을 종합한 후 나를 계속 개선하고 진보시켜 나가는 과정을 거치는 것이다. 이것이 쉽다는 이야기는 아니다. 공동체의 평가에 지속적으로 관심을 가진다는 것은 생각보다 스트레스다. 또한 공동체의 부정 평가를 반영하여 나를 개선하고 진보시키는 것도 일종의 스트레스다.

그러나 이런 스트레스는 나를 발전시키는 스트레스이기에 피하려고만 해서는 안 된다. 공동체의 부정 평가를 반영하여 나를 더 건강한 모습으로 바꾸려고 노력하지 않고, 그래서 아무런 스트레스를 받지 않으려고 하는 사람은 행복한 인생을 만들어 가기 어렵다.

스트레스 연구자 켈리 맥고니걸(Kelly McGonigal) 교수의 말처럼 스트레스가 없는 인생은 좋은 인생이 아니다. 오히려 어느 정도 스트레스가 있는 인생이 좋은 인생이다. 그럼 인간은 어떻게 이런 스트레스를 감수할 수 있는 걸까? 스트레스가 좋다는 걸 알아도 스트레스받기를 자처하는 건 쉽지 않은 일인데, 어떻게 스트레스받기를 자처하여 자신을 발전시켜 나가는 걸까? 옛 어른들의 말을 빌리면, 어떻게 우리는 고생을 사서 할 수 있는 걸까?

자기 자신을 발전시키기 위해, 진보시키기 위해 스트레스를 자처하는 대부분의 건강한 사람들에게는 심리적 특성이 있다. ○○ ○○ 네 글자다. 뭘까? 초성 힌트를 주겠다. ㅈㄱㅅㅇ.

힌트를 더 달라고? 좋다. 앞 두 글자 ㅈㄱ는 영어로 'self'다. 뒤의 두 글자 ㅅㅇ는 '받아들이다'는 의미를 가진 말이다. 이제 알겠는가? 정답은?

자기수용(self acceptance)이다! 어떻게 인간이 자신을 발전시키기 위해 스트레스를 감수할 수 있냐고? 공동체의 평가를 겸허하게 수용했기 때문이다. 그리고 공동체의 평가를 겸손하게 수용하면서 계속 발전하는 자신을 진짜 자신이라고 생각하게 되었기 때문이다.

공동체의 평가는 과거의 나이지만, 진짜는 내 모습이 과거에 머물러 있지 않다고 느끼는 것이다. 공동체의 부정 평가를 수용하여 더 나은 나를 만들면 미래의 나는 훨씬 괜찮은 사람이 될 수 있다.

공동체의 평가를 받은 후 미래의 더 나은 나를 위해 과거의 나를 수용하는 이 모든 과정이 바로 자기수용의 과정이다. 과거의 연약하고 실수하고 허둥거리고 미흡한 점이 있는 나를 수용하지 못하면, 미래의 내가 더 좋은 모습이 될 수 없다.

나는 과거에 머물러 있는 것이 아니라 지금도 계속 발전하고 있으며, 미래에 더 나아져 있을 것임을 믿자.

자기수용은 단순히 실수투성이인 과거의 자신을 받아들인다는 것이 아니다. 나에 대한 인식 자체를 '계속 발전하는 나, 계속 성장하는 나, 미래의 이상적 모습을 위해 달려 가는 나'로 그려 나가는 것이 진정한 자기수용이다.

자신을 수용하여 계속 발전하는 사람은 미래지향적이다. 과거와 현재의 나를 수용하지 못하면, 즉 나의 과거와 현재에 내려진 공동체의 평가를 수용하지 못하면, 미래의 나는 진보하기 어렵다. 그리고 공동체에서 도태되거나 퇴보하거나 배제될 것이다.

공동체의 부정 평가를 좌절로, 분노로, 짜증으로, 화로, 우울로 받아들이고 끝내는 사람은 건강하게 자신을 수용하고 있지 못한 것이다. 공동체의 부정 평가를 배움의 기회로, 발전의 기회로, 성장의 기회로 여기면서 실제로 수정해 나가는 사람이야 말로 자신을 건강하게 수용하는 사람이다.

과거의 나와 현재의 나에 대한 공동체의 평가를 수용하지 못하고 개선하지 않는 사람은 계속 부정 평가가 유지되는 것이기에 심리적으로도 불안정해질 수밖에 없다. 언제 또 혼날지 몰라 불안한 아이들처럼 말이다. 자신에 대한 평가를 수용하고 수정했다면 그럴 일이 없었겠지만, 수정하지 않았기에 걱정, 근심, 불안이 그림자처럼 따라다닌다.

차라리 자신을 바꾸고 수정하면서 스트레스를 조금 받고 그다음에(적어도 개선된 부분에 대해서는) 스트레스를 받지 않았다면 좋았을 텐데, 자신을 바꾸는 것에 스트레스를 받지 않으려 하다가 공동체의 평가가 개선되지 않는 스트레스에 직면하게 되는 것이다.

다소 미흡했던 과거의 자신을 수용하고 더 나은 나를 만들어 가는 것에 스트레스를 받았다면, 그 후에는 삶의 의미와 가치가 높아지고, 삶의 질도 좋아지고, 공동체의 평가도 개선되면서 모든 것에서 안정적인 삶이 되었을 것이다. 그러나 부정적 자기 모습에 대한 수용을 피하고, 스트레스받는 것을 피하면 스트레스가 지속되고, 불안정한 상태가 오래도록 나를 괴롭히게 된다.

과거와 현재의 나를 수용하고, 미래의 나를 위한 스트레스를 기꺼이 감수하는 삶, 이런 삶이 건강한 삶이고 행복한 삶 아닐까? 스트레스를 무조건 피하는 것이 능사가 아니다. 공동체를 위해 받을 스트레스는 받고, 감수할 스트레스는 감수하는 삶에 행복의 비결이 있다.

행복을 디자인하다

11 | 관계학 개론

 섭섭이가 나타나지 않으려면

우리말로는 표현이 되고 어떤 느낌인지 알겠는데, 외국어로 (가장 흔하게는 영어로) 표현할 때는 마땅한 표현이 없는 말들이 있다. 시험 기간에 엄마가 하는 '잠이 오냐?'라는 표현을 보자. 영어로 하면 'Are you sleepy?'다('너 졸려?' 정도의 의미). 아쉽게도 우리나라의 엄마가 하는 말의 의미를 담을 수 없다. 엄마의 속마음은 '시험 기간인데, 지금 정신 못 차리고 그러고 있냐!'라는 뜻이니까 말이다.

개인적으로 한국어와 외국어의 표현 격차가 가장 심한 부분은 인간관계의 문제들을 다루는 표현들인 것 같다. 국어의 표현이 훨씬 섬세하고 오묘하다고 할까. 예를 들어, '속이 아리다'라는 표현이 있다. 이걸 영어로 어떻게 표현할까? 구글 번역기를 돌렸더니, 'I feel sick.'이라고 나온다. 아프다는 뜻이다.

그러나 국어에서 '아리다'는 '아프다'가 아니다. 특히 관계 문제에서 "마음이 아파."와 "마음이 아려."는 전혀 다른 말인 것이다. '마음이 아리다'는 것은 누군가의 아픔에 진심으로 공감하고, 실제로 그 사람을 돕고 싶은데 돕지 못할 때, 실제로 그 사람을 도왔는데 내가 주는 도움이 충분치 않다고 느껴질 때, 누군가를 돕고 싶은데 내가 주는 도움이 그 사람에게 도움이 될지 불확실할 때, 당장이라도 내가 그 사람을 위해 나서고 싶은데 장기적으로 생각하면 그 사람을 묵묵히 지켜봐 주는 것이 더 이득임을 알고 있기에 속으로 가슴앓이만 할 때, 이런 것이 우리나라 사람들의 마음을 저리게 하고, 아리게 한다. 'sick'라는 단어로는 절대 표현할 수 없는 말이다.

하나 더 말해 보자. '섭섭하다'라는 표현이다. 이걸 영어로 어떻게 표현할까? 영어사전에서 찾아보니, 'sad' 혹은 'disappointed'가 나온다. 그런데 생각해 보자. 섭섭한 것은 슬픈 것인가? 섭섭한 것은 실망스러운 것인가? 비슷한 것 같지만, 뭔가 다르다.

인간관계에서 '섭섭한' 느낌은 상대방이 지금 내가 처한 상황을 잘 몰라주고, 내 마음을 몰라주고, 내 진심을 알려고 하지 않고, 내가 상대에게 기울이는 관심만큼 나에게 관심을 주지 않고, 내가 진짜 듣고 싶은 말을 해 주지 않고, 내가 진짜 보고 싶은 반응을 보여 주지 않을 때를 말한다.

인간관계에서 기대했던 것이 이루어지지 않고, 인간관계에서 기대했던 방향이 어그러져서 아쉬운데, 내가 기대했던 것이 이것이라고 말도 하지 못하고 속으로만 끙끙거리는 상태가 바로 '섭섭하

행복을 디자인하다

다'의 뜻이다.

인간관계에서 '섭섭이'가 들어오면, 즉 누군가를 서운하게 하면, 서운함을 느낀 그 사람은 처음에는 답답함을 느끼다가 서글퍼지고('서글프다'도 영어로 말하기 참 어렵다), 인생이 텅 빈 것 같은 공허감도 느낀다. 가만히 있다가 눈물을 뚝뚝 흘리면서 주변 사람들을 놀라게 하기도 한다. 그러면서 내가 왜 이러는지 모르겠다고 한다. 이런 종합적이고 복합적인 부정 정서가 섭섭한 것이다. 영어 단어 'sad' 정도로 끝날 수 있는 감정이 아닌 것이다.

섭섭함은 전혀 모르는 사람에게서는 느낄 수 없는 감정이다. 전혀 모르는 사람 혹은 그냥 알고만 지내는 사람에게는 기대하는 것도 없기에 섭섭할 것도 없다. 최소한 이해관계가 있거나 유대감을 오랜 시간 유지해 온 관계에서 느끼는 것이 섭섭함이다. 오늘 처음 만난 데이트 상대에게는 섭섭함을 느끼지 않지만, 오래된 연인은 섭섭함을 느낀다.

오늘 처음 만난 직장 동기에게는 섭섭함을 느끼지 않지만, 10년 된 직장 동료에게는 섭섭함을 느낄 수 있다. 옆집에 사는 사람에게는 섭섭함이 없지만, 한참 떨어진 곳에 사는 가족과 친척에게는 섭섭함을 느낄 수 있다. 그래서 관계가 어려운 것이다.

국어에서 관계가 어긋날 때 생기는 미묘한 감정 표현들이 그냥 발달한 것이 아니다. 아무래도 우리 조상들은 관계가 무척 어려운 것이라고 느꼈고, 그 미묘함과 어려움을 다양한 언어로 표현하고 싶었던 것 같다. 그래서 이렇게 다채로운 감정 표현들을 발전시킨게 아닐까.

그러나 우리 조상들이 "관계는 어려운 것이야." 하고 자포자기 했던 것은 아니다. 나도 여러분이 관계는 어려운 것이라고, 섭섭함은 피할 수 없는 것이라고 포기하길 원하지 않는다. 관계는 어려운 것이지만, 그 어려운 것을 잘 해내는 법을 배우는 것도 인생 아니겠는가.

특히 인간관계에 관심이 많은 심리학자가 제안하는 몇 가지 사회적 기술(social skill)을 익혀 보자.

자신의 기분을 상대가 알아서 맞춰 주겠지 하고 착각하지 말고, 정확하게 표현하라

오래된 관계는 눈빛만 봐도, 걸음걸이만 봐도 안다고? 글쎄……. 안다고 착각하는 것이다. 순간순간 변하는 사람의 기분과 감정은 아무리 오래된 관계라고 해도 직접 표현해 주지 않는 이상 알기 어렵다. 현재 기분이 나쁘다면, 어떤 일로 인해, 어떤 경험으로 인해 기분이 나쁜 상태인지를 상대에게 말하라. 오래된 관계일수록 그것을 말해야 한다. 그걸 정확하게 말하지 않으면 상대방은 자기 자신이 뭔가 잘못한 것이 있는가 하고 또 다른 오해를 하게 될 수 있으니 기분 나쁜 이유를 정확하게 표현하고 말해야 한다. 이렇게 해야 불필요한 오해도 줄일 수 있다.

행복을 디자인하다

상대방이 기분이 나쁜 것 같을 때는 그 이유를 물어보라

상대방이 기분이 나쁜 것 같을 때 왜 그런지, 어디 아픈 데는 없는지, 직장에서 무슨 일이 있었는지 물어보라. 상대방은 그렇게 물어봐 주는 것만으로도 기분이 나아지고 편안해지며, 시간이 좀 지나면 기분이 좋아질 것이다.

상대방과 함께 기념할 날을 준비하고, 선물을 챙기며, 특별히 손편지를 쓰라

매년 똑같은 형식으로 하더라도 괜찮다. 중요한 건 그날을 미리 준비한다는 것이다. 부랴부랴 선물 사고, 케이크 사서 대충 때우는 건 준비가 아니다. 적어도 한 달 전에 케이크를 주문해 두거나, 하루 전에 편지를 미리 써 놓거나, 상대방의 필요를 파악하고 준비하는 것, 이것이 바로 준비다. 상대방의 필요를 정확하게 모르겠으면, 현금이라도 미리미리 준비하라. 당일에 현금을 준비하려고 하면, 여러 가지 변수가 생겨서 준비를 못 할 수도 있으니 말이다.

섭섭함을 쌓아 두었다가 그 감정을 담은 문자나 이메일을 느닷없이 보내지 말라

섭섭한 감정을 느끼고 있다는 것과 그 이유를 시간을 내서 얼굴을 보고 이야기하라. 느닷없이 문자로 보내서 상대방을 깜짝 놀라게 하면, 그것 자체로 관계가 무너져 내릴 수 있다. 특히 섭섭함이 극도로 올라왔을 때, 이성을 잃고 문자 폭탄을 날리거나 이메일을 보내는 건 최악이다. 정말 'send' 버튼을 누르고 싶어 죽을 지경이라면, 하루 뒤에 예약 문자나 예약 이메일을 설정한 후 'send'를 누르라. 그런 다음에 자고 일어나서 예약 문자나 이메일을 즉시 취소하라!

오래된 사람일수록 돈거래를 하지 말라. 돈은 빌리지도 말고 빌려 주지도 말자. 돈은 은행에서 빌리라

이건 가족 간에도 마찬가지다. 가족 간에, 친척 간에 돈거래를 하지 말라. 좋은 정보가 있다면서 투자하라고 하지도 말라.

기분이 우울한 날에 술을 마시지 말라

술을 마시고 싶다면, 오히려 기분 좋은 날 마시라. 술이 우울한 기분을 날려 줄 거라고 생각한다면 착각이다. 술은 일종의 감정 증폭기다. 우울한 기분에 술을 마시면, 술이 이를 증폭시켜 더 우울하게 만드는 성질이 있다는 말이다. 기분 좋을 때 술을 마시면 더 기분이 좋아질 수 있겠지만 우울할 때 술을 먹는 것은 최악이다. 우울할 때 술을 마시면, 더 우울해지는 것도 문제지만, 이렇게 더 우울해진 감정을 가지고 섭섭함을 느낀 사람에게 무차별 공격을 가할 가능성도 커진다. 통제력을 잃게 만드는 술의 또 다른 특성 때문이다. 전화를 하고, 문자를 하고, 욕을 하고, 언어적·물리적 폭력을 행사할 수도 있다. "내가 이런 말 하지 않으려고 했는데……."로 시작하는 것이 대표적이다. 그 말을 하지 마라! 제발 부탁이다. 제발

행복을 디자인하다

좀 술 마시고 그 말을 하지 마라. 님아, 그 강을 건너지 마오. 기어
코 건너시네.

기분 좋은 시간에 다시 이야기하자고 말하라

기분 나쁜 시간에 억지로 대화를 이어 갈 필요는 없다. 특히 심
각한 이야기를 기분 나쁜 시간에 이야기하면, 신경질이 나고 예민
해질 뿐이다. 이럴 때는 상대방에게 정확하게 표현하라. "오늘 내
가 컨디션이 별로라서 그런데, 다음에 이야기하면 안 될까?" "생각
좀 해 볼게. 나에게 생각할 시간을 좀 주면 안 될까?" 이런 표현을
할 수 있는지 없는지가 섭섭함을 제거할 수도 있고, 싹트게 할 수도
있다. 이렇게 표현하지 못하고, "그런 이야기를 꼭 지금 해야 되냐?
너는 지금 내 상황이 안 보이냐?" 이런 식으로 상대를 쏘아붙이면,
상대방도 상처받고, 오래도록 유지해 온 관계도 틀어진다는 걸 기
억하자.

상대방에게 심각한 이야기를 할 수 있는 상태인지 물어보라

나에게 상황이 있듯이 상대방에게도 상황이 있다는 걸 기억하
라. 우리가 전화를 한 후, 상대가 받았더라도 지금 통화가 괜찮은
상황이냐고 묻듯이, 대화할 때도 그렇게 해 보자. 특히 내가 꺼내
야 하는 이야기가 인지적 에너지를 적지 않게 소모해야 하는 심각
한 이야기라면, 상대방이 이런 이야기를 듣기에 적절한 상황인지,
의사결정이나 판단을 하기에 적절한 타이밍인지 물어봐야 한다.

가만히 있어도 저절로 돈독해지는 관계는 없다. 이런 사회적 기술을 익히고, 서로 배려하면서 신뢰를 쌓아 가야 한다. 오래된 관계에도 노력이 필요하다. 아니, 오래된 관계이기에 더욱더 노력이 필요하다.

사회생활 고수들의 완급 조절

이 세상일은 내 맘대로 되지 않는다. 내 맘대로 모든 것이 된다면, 그건 신이거나, 내 맘대로 된다고 착각하는 정신질환자(망상 환자)일 것이다.

다행스러운 것은 인간은 노력할 수 있다는 것이다. 노력함으로써 내 맘대로 되지 않는 상황을 극복할 수 있다. 뭔 소리냐고? 보라.

생각대로 되지 않는 것을 조율해 나가기 위해서는 기술이 필요하고, 이 기술을 습득하기 위해서는 노력이 요구되며, 인간은 이런 노력을 통해 생각과 현실의 격차를 좁혀 나갈 수 있다.

필요한 기술에 대한 인식과 그 기술을 실제로 해내는 것 사이의 간극을 좁히는 것도 노력이 요구되는데, 다행스럽게도 개개인은 이러한 노력을 기울여 기술에 대한 인식과 실제 수행의 격차를 줄여 나갈 수 있다.

이처럼 인간은 마음대로 되지 않는 것을 마음대로 되게 만들기

행복을 디자인하다

위해 노력할 수 있는 동물이다. 그동안 하지 않았던 것들이라도 필요하면 노력으로 습득하고, 그동안 신경 쓰지 않았던 것들이라도 필요해지면 노력으로 습득한다. 일생 필요 없을 것 같았던 기술도 필요하면 배운다.

다양한 기술을 배우기 위해 투입하는 각각의 노력은 그 강도가 동일하지 않다. 자전거 타는 법을 배우기 위한 노력과 외국어를 배우기 위한 노력이 같을 수 없다. 책을 읽기 위한 기술을 습득하는 데 걸리는 시간과 책을 쓰기 위한 기술을 습득하는 데 걸리는 시간은 다르다. 음악을 듣는 것은 노력이 필요하지 않을 수도 있지만, 음악을 만드는 것은 더 큰 노력이 필요하다. 술을 마시는 것은 그냥 마셔도 되지만, 술을 만드는 것은 전혀 다른 차원의 문제인 것이다.

기술이라고 하니까 공학적 기술, 뭔가 만드는 기술, 전문 지식 습득만 떠올릴 수 있는데, 이런 것만 인생에 필요한 기술인 것은 아니다. 소위 사회적 기술이라고 불리는 것들도 뭔가 생산해 내는 기술(돈 버는 데 쓰이는 기술)만큼, 때로는 그 이상으로 중요하다. 이 이야기의 시작을 떠올려 보라. 마음과 현실 사이의 간극을 줄이기 위해서는 노력이 필요하지 않던가?

관계도 마찬가지다. 누군가와 관계를 형성하고 싶다는 마음과 실제로 관계를 형성하는 것은 격차가 있다. 그리고 그 격차를 좁히기 위해서는 습득해야 하는 기술이 필요하고, 그 기술을 얻기 위한 노력이 요구된다.

강한 유대감을 가진 관계를 형성하고 유지한다고 해 보자. 노력의 강도가 높고, 노력의 시간도 길어야 할 것이다. 비슷한 취미를 배워야 할 수도 있다. 약속도 잘 지켜야 한다. 기념일도 꼬박꼬박 챙겨야 한다. 말과 행동을 가려서 하기 위해 노력해야 한다(말과 행동을 가려서 해야 상대방이 자신을 존중한다고 느끼니 말이다). 내 말을 하는 시간보다 타인의 말을 듣는 시간을 늘려야 한다.

'공감한다, 감사한다, 사랑한다'는 표현을 자주 해야 할 수도 있다. 신발 치수, 옷 치수처럼 상대방과 관련된 숫자를 기억하기 위해 노력해야 하고, 상대방의 일정을 파악하려는 노력도 요구된다. 때론 비밀을 지켜 주려는 노력도 필요할 것이다. 손편지도 써야 하고, 전화 통화도 길게 해야 할 수 있다. 상대방을 위해 시간을 투자해야 하고, 돈도 써야 한다. 돈독한 우정, 이성 간의 사랑과 같은 강한 유대감의 관계에는 모두 이러한 강한 노력이 요구된다.

너무도 당연하게, 이런 노력이 혼자만의 것이라면 강한 유대감이 아니다. 쌍방 간에 이러한 노력이 있어야 강한 유대감이다. 한쪽만의 일방통행, 일방적 소통과 공감은 희생일 뿐 강한 유대감이라고 보기 어렵다.

이런 측면에서 보면, 만약 나는 강한 유대감을 형성하기 위한 노력하는데 상대방은 이러한 노력을 전혀 하지 않는다면, 유대감을 형성하기 위한 노력을 중단하는 것이 지혜로운 방법일 수 있다.

약한 유대감의 관계는 좀 다르다. 요구되는 노력의 양과 노력하는 시간이 적어도 괜찮다. 평소에는 연락을 하지 않더라도 명절에 문자로 연락하고, 가끔 상대방의 요청을 들어주고, 대가(금전적 이득)를 받을 수도 있다. 나이와 관계없이 존대를 하고 예의 바르게 행동하면 된다. 가끔 그 사람의 기념일을 챙겨 줄 수도 있지만 그렇지 않아도 크게 상관없다. 비밀을 공유할 필요도 없고, 타인의 요구를 들어주지 않아도 괜찮다. SNS라면 '좋아요'만 잘 눌러 주는 것으로 충분하고, 가끔 댓글을 달아 주는 정도면 문제없다.

약한 유대감에서 주의할 점은 오히려 상대에게 과도하게 관심을 가져서 상대가 부담을 느끼지 않도록 하는 것이다. 기념일에 과도한 선물을 한다거나, 과도하게 연락을 한다거나, 상대방의 부탁에 과도하게 대응한다거나 하면, 오히려 약한 유대감이 깨질 수 있다. 약간 유대감에서 서로에게 신경 쓰는 정도는 서로 필요할 때 전화한 통 할 수 있는 정도면 충분하다. 그 이상으로 하면, 상대방은 내가 무슨 다른 꿍꿍이가 있는 것으로 오해할 수 있으며, 수상한 사람 내지는 이상한 사람으로 비칠 수 있다.

뭔가 생산하는 기술을 완성도 높게 습득한 사람들이 완급 조절을 잘하듯, 관계적 기술에 있어서도 완급 조절이 필요하다. 힘이 강한 것과 힘 조절을 잘하는 것은 다르다. 힘이 강한 것은 기술이 아니다. 사실 힘이 강하기만 한 것은 파괴의 용도 외에는 쓸 일이 없을 수도 있다. 그러나 때로는 강하게, 때로는 약하게, 때로는 중간으로 힘 조절을 할 수 있는 것은 기술이다.

관계도 마찬가지다. 친절이 뭔지 안다고 해서 친절의 완급 조절을 아는 것은 아니다. 사회생활에 필요한 것은 친절의 완급 조절이

지, 친절 자체가 아니다. 강한 유대 관계와 약한 유대 관계를 모두
적절히 유지하는 사람들은 이런 사회적 기술의 완급 조절과 힘 조
절의 고수들이다.

사회생활에서 유대감의 정도에 따라 적용하는 사회적 기술의 힘
을 조절을 할 수 있는 사람이 되는 것, 건강한 관계 형성과 행복한
삶의 비결에는 이러한 완급 조절이 있다.

행복을 디자인하다

12 | 멀리해야 할 사이

 이상한 사람들

수학 시간에 배운 개념들 중에는 무슨 뜻인지도 모르면서 그냥 외웠던 것이 많다. 여러분은 그렇지 않았겠지만, 나는 그랬다. 필요조건과 충분조건, 필요충분조건이라는 개념도 어려웠다. 도대체 무슨 말인지 알 수가 없었다. 그러나 지금은 아니다. 어느 날 '아, 이게 그 뜻이구나' 하면서 알아졌다.

여담이지만, 수학은 이렇게 천천히 생각해야 하고 시간이 오래 걸릴 수 있는 건데, 우리네 교육에서는 너무 문제 풀이 위주로, 정답 찾기 위주로 가르치는 것 같아 안타깝다. 그런 수학은 사실 수학이 아니고, 수학적 사고와 관련이 없는데 말이다.

내가 이해한 필요조건, 충분조건, 필요충분조건을 말해 주겠다. 필요조건은 '같은 범주에 속한 것들이 공통적으로 가진 속성'을 말한다. 모든 인간은 태생이라고 할 때, 태생은 모든 인간이 가진 공통적 특성으로 필요조건이다.

그런데 태생이라는 속성으로 인간과 원숭이를 구분할 수 있는가? 없다. 여기서 충분조건이 등장한다. 충분조건은 '한 범주를 다른 많은 범주와 구별하게 해 줄 수 있는 속성'을 말한다. 어떤 속성을 딱 보기만 하면, 그것과 다른 것 모든 것을 구분할 수 있다는 의미다. 시그니처라고 불릴 수도 있다.

인간의 시그니처는 뭔가? '신처럼 눈에 보이지 않는 대상을 믿을 수 있다.'다. 원숭이에겐 이 능력이 없고, 침팬지에게도 이 능력은 없다. 그래서 충분조건이다. 하지만 인간들 안에서 보면 모든 사람이 신을 믿는 것은 아니다. 그래서 이 능력은 다른 동물과 인간을 구분해 주는 능력이기는 하지만 모든 인간이 가진 공통점은 아니다. 그래서 충분조건만 된다.

그럼 모든 인간이 가진 공통 능력이면서 다른 동물과 구별까지 해 주는 건 없을까? 이것이 바로 필요충분조건이다. '한 범주에서 공통적으로 나타날 뿐 아니라, 다른 범주와 구별까지 해 주는 속성'을 의미한다. 인간으로 치면, '먼 미래를 전망(예측)하고 계획할 수 있는 능력'이랄까?

의사는 늘 이런 필요조건, 충분조건, 필요충분조건과 싸워야 한다. 어떤 병을 정확하게 진단하기 위해서는 특정 병에서 나타나는 공통 증상(필요조건)도 알아야 하지만, 그 병만이 가지고 있는 특별한 증상(충분조건)도 알아야 한다.

행복도 마찬가지다. 행복한 사람들의 공통점도 알아야 하지만,

행복한 사람과 불행한 사람을 구별해 주는 시그니처도 알아야 한다. 비슷한 맥락에서 심리학자들은 연구를 통해 행복의 필요조건을 하나 찾아낸 적이 있다. 바로 건강한 관계다.

행복한 사람들은 모두 건강한 관계를 가지고 있었다. 가족과 사이가 좋고, 애인 혹은 배우자와 사이가 좋고, 친구들과 사이가 좋았다. 그런데 아쉽게도 이것이 충분조건은 되지 못했다. 건강한 관계가 있다고 해서 모두 행복한 것은 아니었다. 건강한 관계가 있지만 성취가 낮고 삶의 의미를 느끼지 못하면 불행했다.

최근의 연구들은 '삶의 의미'를 행복한 사람과 불행한 사람을 구분하는 시그니처, 즉 충분조건으로 주목하고 있다. 삶에서 의미를 발견하면 행복하고, 발견하지 못하면 불행하다는 것이다. 삶의 의미는 필요충분조건이 될 가능성이 높다는 점에서도 중요하다. 정말 그렇다면, "모든 행복한 사람은 삶의 의미를 느끼고, 삶의 의미는 행복한 사람과 불행한 사람을 구분해 준다."는 말이 가능할 것이다(나는 거의 맞다고 본다).

건강한 관계가 행복한 사람들의 공통점(필요조건)이기는 했으나, 불행한 사람들과 구별하게 해 주는 특성까지는 되지 못한 이유도 관계에서 느끼는 삶의 의미 때문인 것으로 추측된다. 아무리 주변 사람들과 사이가 좋아도 그 관계에서 의미를 느끼지 못하면 불행할 수 있다. 그래서 관계가 좋다고 다 행복한 것은 아닌 것이다. 갈등 없는 건강한 관계라고 해도 의미가 없다면, 그건 그 사람의 행복에 영향이 없거나 불행하게 만들 수 있다.

일부 사람들과 건강한 관계를 맺고 있지만 다른 사람들과는 좋지 않은 관계를 맺고 있는 것도 문제다. 건강한 관계의 효과가 나쁜 관계로 상쇄되어 버리거나 나쁜 관계로 인해 건강한 관계의 효과가 압도당해 버릴 수도 있다. 이 역시 건강한 관계를 통해 행복한 사람인지 불행한 사람인지 예측할 수 없게 하는 요인이 된다.

행복이라는 것이 참 어렵다. 관계가 좋아야 한다고 해서 관계에 집중하니 성취가 떨어지고, 성취가 좋아야 한다고 해서 성취에 집중하니 관계가 나빠진다. 세상일이 다 마찬가지다. 뭐 하나 쉬운 일이 없다. 왜냐고? 균형을 잡아야 하기 때문이다. 행복하고 싶은가? 관계에만 지나치게 몰두하지 말라. 성취에만 지나치게 몰두하지 말라. 적당히 하라. 관계도 잡고, 성취도 잡아야 한다. 이 어려운 걸 해내야 하는 것이 행복이고, 삶이다.

이야기의 범위를 좁혀서 건강한 인간관계에만 조금 더 초점을 두려 한다. 건강한 관계를 만든다고 하면, 친구를 많이 사귀는 것, 친구들과 시간을 많이 보내는 것만 생각하는 사람들이 많은데, 이건 균형을 잃어 버린 것이다.

다시 말하지만 좋은 관계는 필요조건은 될 수 있으나 충분조건은 아니다. 그럼 어떻게 해야 관계가 필요충분조건이 되게 만들 수 있는가? 관계의 의미를 따져 봐야 한다. 의미를 따져 본다는 게 무슨 말이냐고? 관계를 만들 생각만 하지 말고, 의미 없는 관계를 정리하는 것도 고려해야 한다는 말이다! 관계를 형성하는 것에만 주목하지 말고, 어떤 사람들과는 관계를 맺으면 안 되는지, 누구를

행복을 디자인하다

멀리해야 하는지에도 관심을 가져야 한다!

좋은 관계를 만드는 것이 아닌, 좋지 않은 관계 혹은 좋지 않을 가능성이 높은 관계를 배제하는 것에도 관심을 가져야 한다. 좋은 사람들과 사귀는 것에는 누구나 관심을 가진다. 그런데 이상한 사람들을 멀리하는 것에는 누구나 관심을 가지는 것 같지 않다. 그러나 우리는 이 두 가지에 비슷한 정도의 가중치를 두어야 한다. 사실 좋은 사람들은 나를 행복하게 하기에 오히려 평상시에 큰 영향력이 없다. 그러나 좋지 않은 사람들, 이상한 사람들은 나를 불행하게 만들기에 더 강력한 영향을 미친다.

이상한 사람이 어떤 사람이냐고? 이제부터 멀리해야 하는 이상한 사람들을 총정리해 보도록 하겠다.

첫째, 자존감이 낮으면서 외모(겉으로 드러나는 모양새)에 신경 쓰는 사람을 멀리하라. 이런 사람은 허세와 거짓이 많다. 인생 자체가 거짓일 수 있고, 사기꾼일 수 있다.

둘째, 자아도취 경향이 강한 사람을 멀리하라. 소위 말하는 나르시시즘(narcissism)이다(Emmons, 1987). 간혹 이걸 자기애라고 거룩하게 번역하는 사람들이 있다. 자기애는 개뿔! 그냥 자아도취다. 이런 사람들은 받는 것을 돌려줄 줄 모른다. 자신은 받아 마땅한 사람이라고 생각하는 것이다. 당연히 감사할 줄도 모른다. 타인의 노력에 편승하는 무임승차자도 대부분 자아도취가 강한 사람들이다. 주변에 이런 사람이 하나 있으면, 주변 사람 모두가 정신적으로 물질적으로 피폐해진다. 멀리해야 한다.

셋째, 실력이 없으면서 자아도취가 강한 사람을 멀리하라 (Falkenbach, Howe, & Falki, 2013). 이런 사람들은 조금 무섭다. 자아도취가 강하기에 세상이 자기를 떠받들어야 한다고 생각하는데, 실력이 없으니 사람들은 이들을 떠받들어 주지 않는다. 그런데 이들은 자신이 실력이 없다는 걸 모르고, 세상이 자신을 차별한다고 느낀다. 세상이 자신을 인정해 주지 않는 것에 강한 불만을 가진다. 그리고 공격적으로 행동한다. 말이 거칠어지고, 행동이 폭력적이 될 수 있다. 이런 사람이 주변에 있으면, 누구 하나 다칠 수 있다.

넷째, 자기 언행의 영향력을 고려하지 않는 사람을 멀리하라. 말을 함부로 하고, 행동을 함부로 하면서, 뭘 그런 것 가지고 그러냐고 하는 사람을 멀리하라. 간혹 자기 언행의 영향력을 알고 일부러 그러는 경우도 있다. 그런 사람은 굉장히 정치적인 사람일 것이다. 역시 멀리하는 편이 좋다.

다섯째, 극도의 쾌락만 추구하는 사람(쾌락주의자)을 멀리하라 (도은영, 이국희, 2021). 이 사람들은 쾌락을 추구하지만 역설적으로 가장 우울할 가능성이 높은 사람들이다. 쾌락을 얻는 순간에만 좋고, 다른 모든 순간에 우울하다. 문제는 이런 우울함이 전염된다는 것이다. 행복의 전염보다 우울의 전염이 더 빠르고 강력하기에 멀리해야 한다. 우울한 사람 주변에는 우울한 사람이 생길 수밖에 없고, 행복한 사람 주변에는 행복한 사람이 생길 수밖에 없다.

쾌락주의자들의 문제는 이게 다가 아니다(Ugazio, Lamm, & Singer, 2012). 이들은 희열이나 환희, 강력한 오르가슴만 추구하는

행복을 디자인하다

데, 이런 고강도 긍정 정서는 인간에게 피로와 스트레스를 준다. 그리고 이렇게 피로해지고 스트레스를 받은 인간은 자기 통제력이 저하되고 윤리적·도덕적으로 무감각해진다. 즉, 고강도 쾌락을 추구하는 사람들은 윤리적 행동 능력이 떨어지며, 언제든지 윤리적·도덕적으로 문제가 되는 행동할 수 있다. 잠재적 범죄자라고 할까. 이들을 멀리해야 한다.

여섯째, 왜 그런지 모르게 느낌이 이상한 사람을 멀리하라. 우리의 뇌에는 이상한 사람을 감지하는 시스템이 있다. 진화가 만들어 놓은 최첨단 시스템이다. 이유는 모르겠는데, 생리적으로 이상한 반응이 오게 하는 사람은 진짜 이상할 가능성이 높다. 그 사람을 만날 생각만 하면 배가 아프다거나 배의 느낌이 이상하다거나(니글니글한), 긴장하게 만들거나 하면 진짜 이상한 사람일 가능성이 높다. 멀리하라. 이런 생리적 느낌은 우연이 아니다.

이런 사람들을 멀리하는 것만으로도 의미 있는 관계들만 내 주변에 남을 것이고, 삶의 의미가 회복될 수 있다.

건강한 관계는 많이 맺으라.
그러나 이상한 사람은 멀리하라!

뭐라도 된 줄 아는 사람들

플라톤은 실상과 가상을 구분했던 철학자다. 그에 따르면, 인간은 실상을 보지 못한다. 인간이 보는 것은 언제나 가상이다. 여기서 한 가지가 궁금해진다. 인간이 가상세계에서 허우적거리고 있는 거라면 그래도 언젠가는 이 세계가 가상이라는 것을 깨닫게 되지 않을까?

아쉽게도 이런 일은 발생하지 않는다. 그 이유는 간단하다. 인간은 가상을 실상이라고 믿고 있기 때문이다. 가상을 실상으로 믿어 버리는 인간, 공상과 상상을 현실이라고 믿어 버릴 수 있고, 꿈이 마치 이루어진 것처럼 믿어 버릴 수 있으며, 현재 이루어지지 않은 것을 이루어진 것처럼 믿어 버릴 수 있는 상상력은 인간을 동물과 구분시켜 주는 능력이자 인류를 지금까지 발전시켜 온 능력이다.

우리는 알게 모르게 이런 믿음을 수많은 곳에 적용한다. 화폐의 사용? 화폐가 힘이 있다고 믿어 버린다. 화폐의 가치가 실재라고 믿어 버린다. 신용카드의 가치가 실재라고 믿어 버린다. 내 수중에 있는 금이 아닌, 통장에 찍힌 잔액이 실재라고 믿어 버린다. 심지어 디지털 세계에만 존재하는, 즉 전기를 끊어 버리면 다 없어질 가상화폐의 가치를 실재라고 믿어 버리는 일까지 발생했고, 앞으로도 이런 일은 더 많아질 것이다. 이런 믿음이 한 사람에서 두 사람, 두 사람에서 열 사람, 열 사람에서 수천 명에게 퍼져 나가 사회적 약속이 되고, 사회적 규범이 되고, 법이 되고, 윤리가 된다.

행복을 디자인하다

미래에 대한 비전을 제시하는 리더들도 마찬가지다. 아직 도래하지 않았지만, 할 수 있다고 믿는다. 가능하다고 생각한다. 지금은 기술이 부족하여 불가능하지만, 기술을 발전시키면 가능하다고, 지금은 자금이 부족해서 불가능하지만 자금이 모이면 가능하다고, 지금은 사람이 충분히 모이지 않았지만 사람이 충분히 모이면 가능하다고 믿고 비전을 제시한다. 그리고 그것을 따르는 사람들이 한 명, 두 명 늘어나면, 마침내 가상이 실상이 된다.

권력이라는 것도 마찬가지다. 그런 힘이 있다고 믿어 버린다. (모든) 국민이 그런 힘을 주었다고 믿고, (물론 모든 국민이 그런 힘을 준 적은 없지만) 그런 힘이 실재한다고 믿고, 그런 힘을 쓸 수 있다고 믿는다. 이런 힘이 있다고 믿는 사람이 한 사람에서, 열 사람, 열 사람에서 수만 명의 사람에게 퍼져 나가 사회적 제도가 되고, 정치가 되고, 정책이 된다.

지금까지 말한 것들은 모두 믿음이라는 가상이 어떻게 실상을 만들어 내는지, 믿음이라는 보이지 않는 바람이 어떻게 거대한 실제 파도를 만들어 내는지를 보여 준다. 대다수의 사람이 인정하는 믿음, 공통적으로 가지고 있는 믿음과 상상, 가상의 세계는 더 이상 가상이 아니라, 실상이 된다.

이제 반대의 경우를 살펴보자. 믿음이 혼자만의 것이라면 어떨까? 가상의 세계에 대한 믿음이 혼자만의 것이라면, 그 누구도 인정해 주지 않았지만, 혼자서 그런 믿음을 가진다면? 그때부터 가상은 망상이 된다.

공동체가 힘을 준 적이 없는데 힘이 있다고 생각하고, 공동체가 자원을 준 적이 없는데 자원이 있다고 생각하고, 공동체가 비전을 인정하지 않는데 비전이 있다고 생각하면 망상이다. 공동체의 지지가 있는 가상은 실상이 되지만, 공동체의 지지가 없는 가상은 망상 혹은 사기가 되는 것이다.

그럼 이 세상에 공동체의 지지가 없는 가상을 믿어 버린 사람들은 얼마나 될까? 유튜브나 뉴스에서 매일매일 수십 건의 갑질 사건이 벌어지는 것을 보면, 10명 중 1명은 이런 망상과 자기 자신에 대한 사기에 빠져 있는 것으로 추정된다.

대표적인 것이 갑질이다. 식당 손님이 식당 종업원에게 반말을 하고 욕을 하고 음식을 던지는 등의 갑질을 하고, 음식을 주문하는 사람이 식당 주인에게 서비스를 더 달라고 횡포를 부리고, 음식을 주문하는 사람이 식당 주인에게 나쁘게 평가하겠다고 협박을 한다.

아파트 주민들이 함께 쓰는 주차장에서 두 칸 심지어 세 칸을 차지하여 주차를 한다. 그렇게 못 하게 했더니, 아파트 주차장 입구를 막아 버리는 폭력적 행동을 한다. 본인이 뭐라도 된 것처럼 생각하고, 자신이 대단한 대우를 받아야 하는 것처럼 착각한다. 아무도 그런 가상의 권위와 힘에 동의한 적이 없는데 혼자만의 망상을 가진 것이다.

사회심리학적 실험도 이런 갑질의 가능성을 다각도로 조명해 왔다. 사람들은 실험실에서 부여하는 가상적 권위만으로도 남들을 속이고, 비윤리적으로 행동할 수 있다. 자신에게 뭔가 힘이 있다고

행복을 디자인하다

느끼게 되면, 자신이 위에 있다는 것을 보여 주려고 하고, 그것을 증명하려고 한다. 아무도 그런 힘을 인정하지 않았고 본인만 믿는 힘이지만, 그런 힘이 있다고 믿기에 보여 주려고 한다.

그리고 이런 있지도 않은 힘을 보여 주는 과정에서 공동체 구성원들의 불필요한 희생이 생기고, 스트레스가 발생하고, 부정 정서가 발생한다. 이들은 자신만 믿고 있는 그런 망상적 힘을 남들이 인정하지 않으면 화를 낸다.

실험실에서 일시적으로 고용주 역할을 하게 하거나, 사회경제적 지위가 최하위권인 사람을 만나면서 일시적으로 우쭐하게 만들거나, 높은 곳에서 아래를 내려다보게 만들거나, 으리으리한 사무실을 사용할 수 있게 하면서 뭐라도 된 것 같이 느끼게 된 사람은 다 똑같았다.

이들은 있지도 않은 권위를 내세우면서 허세를 부렸고, 공유해야 하는 중요한 정보를 공유하지 않고 독점했으며, 자신을 대우해 주지 않는 것에 대해 분노하고, 심하면 폭력을 행사했다. 이들은 공공재를 자신의 것인 양 함부로 사용했고, 타인의 실적을 자신의 것으로 가로채기하고, 공동체 구성원의 것을 자신의 것으로 착취하려고 했다.

이들은 "내가 누군지 알아?"라는 말을 했고, "내가 누구랑 친해!"라는 말을 하며, "까불지 마!"라는 말을 한다. 누구도 인정하지 않은 가상적 지위에 대한 망상은 폐단이 크다. 그런데 어떡하랴. 이런 사람들이 10명 중 1명은 있는 것을. 뭐라도 된 것 같이 느끼는 사람을 만나면, 그냥 피하자. 그냥 계속 그런 혼자만의 망상의 세계에서 잘 살게 두자.

똥이 무서워서 피하나, 더러워서 피하지.

행복을 디자인하다

제3부

나와 우리 사이

디자인하기

13 │ 협동하는 사이

 등을 믿고 맡길 수 있다는 것

　인간은 약하다. 정신적으로 약하다는 말은 아니다. 다른 동물들에 비해 신체적으로 무척 나약하다. 인간은 곰보다 힘이 약하고, 소보다 힘이 약하다. 인간은 굶주린 사자나 호랑이, 심지어 굶주린 야생의 개나 늑대를 만나면 좋은 먹잇감이 된다. 인간 혼자 산에서 멧돼지를 만났다가는 봉변을 당하기 십상이다.

　이건 지금도 마찬가지다. 인간은 새처럼 날아서 위험을 피할 수 없다. 인간은 물고기처럼 물속에서 숨을 쉴 수 없다. 그래서 처음 이 땅에 태어난 인간은 공룡을 피해 다니기 바빴고, 맹수를 피해 도망 다니는 것에 온 신경을 집중해야 했다.

　그러던 어느 날 우연히 두 명의 인간이 같은 산길을 걷다가 멧돼지를 만났다. 둘은 주변에 있던 날카로운 돌을 집어 들고, 멧돼지에 함께 맞서 싸웠다. 멧돼지는 자신이 능히 이길 수 있다고 생각한 나약한 인간이 힘을 합쳐 싸울 수 있다는 걸 몰랐다.

그리고 혼자서는 도저히 이길 수 없는 덩치 크고 힘 센 멧돼지를 두 명의 인간이 앞뒤로 협공하며 돌로 쳐서 무찔렀고, 둘이서 멧돼지 고기를 충분히 나눠 먹으면서 좀처럼 얻기 힘든 영양분을 얻었다. 두 사람은 중요한 사실을 깨달았다. 힘을 합치면, 협력을 하면 더 큰 동물을 이길 수 있다. 협력하면, 먹잇감이 아니라 포식자가 될 수 있다!

이때부터 사람들은 뭉쳤다. 뭉치면 살고, 흩어지면 죽는다! 부족이 생기고, 마을이 생겼다. 여자보다 힘이 좀 더 센 남자들은 힘을 합쳐 동물을 사냥하고, 여자들은 힘을 합쳐 식물이나 과일을 수집했다. 역할 분담이 자연스럽게 이루어진 것이다.

그러던 어느 날 같이 사냥을 나간 남성들이 돌아오지 않았다. 사건은 멧돼지 무리와 함께 싸워 이긴 후에 일어났다. 멧돼지 고기를 더 많이 차지하길 원했던 한 남자가 동료를 배신하고, 멧돼지 고기를 줄에 묶어 끌고 갈 준비를 하고 있던 동료들을 등 뒤에서 찌른 것이다.

멧돼지 고기를 혼자 독차지한 그는 자기 부족으로 돌아가지 않고, 독립해서 새로운 부족을 만들어 그곳의 지도자가 되었다.

배신

자연스럽게 협력하고, 서로의 등을 맡겼었기에 한 번도 생각해 보지 않았던 배신. 믿음, 신뢰라는 것에 대해 진지하게 생각해 보

　　　　　　　　행복을 디자인하다

지 않았고, 그냥 서로 믿는 동료라고 생각했던 부족민들. 그러나 모두가 똑같은 생각을 가진 건 아니었고, 모두가 똑같은 품성을 가진 것이 아니었다. 사람들 중에는 자신의 이익을 위해 동료를 배신하고, 신뢰를 저버리는 악당이 있었던 것이다.

이렇게 인류는 배신을 경험하면서 신뢰를 알게 되었고, 신뢰의 중요성을 알게 되었다. 협력에는 신뢰가 필요하다는 것을 깨달았고, 배신자가 무리에 섞여 있거나 신뢰할 수 없는 자가 무리에 섞여 있으면 언제든지 위험이 발생할 수 있음을 깨달았다. 내 등 뒤를 맡길 수 있는 사람과 맡길 수 없는 사람이 있음을 알게 된 것이다.

그리고 바로 이때부터 배신자에 대한 처벌 혹은 신뢰를 저버린 자에 대한 처벌이 시작된다. 멧돼지를 독차지해서 근처에 새로운 부족을 만든 배신자를 그대로 둘 순 없다. 반드시 복수해야 하고, 처벌해서 일벌백계해야 한다. 배신자의 말로가 어떤지 똑똑히 보여 주어야 한다. 배신당한 부족의 남자들 중 싸움을 더 잘하는 사람들이 배신자 처단에 참여하기로 했다. 그리고 새벽을 틈타 배신자를 기습 공격! 배신자를 처단하고 돌아왔다.

조치는 여기서 그치지 않았다. 배신자를 검증할 수 있는 두뇌 시스템을 만들어 가기 시작했다. 배신할 가능성이 높은 사람을 검열할 수 있는 두뇌 시스템이 점점 발전해 갔다. 낯선 사람, 부모를 공경하지 않는 사람, 친구나 이웃에게 말을 함부로 하는 사람, 왼손에 감자튀김 쥐고 오른손으로 다른 감자튀김을 먹는 사람, 공용 물품을 함부로 쓰는 사람, 질서를 지키지 않고 순서를 지키지 않는 사람, 말로는 뭔가를 하겠다고 하고 실제로는 하지 않는 사람, 약속 시간을 어기는 사람, 거짓말하는 사람, 친구나 이웃의 애인이나 배우자를 빼앗거나 탐하는 사람, 평판이 좋지 않은 사람(소문이 나쁜 사람), 신을 공경하지 않는 사람, 신을 두려워하지 않는 사람. 이런 사람이라는 느낌적인 느낌이 들기 시작하면, 우리 뇌는 그 사람을 배신자 혹은 배신자가 될 가능성이 높은 자로 규정하고, 협력에서 배제했다. 사회적 배제라는 심리학적 용어의 시작이었다.

배신자 검증 시스템을 갖춘 후로는 배신이 잘 일어나지 않았다. 믿고 협력할 수 있는 사람들이 더 늘어났고, 배신할 가능성이 높은 사람이라고 하더라도, 자신이 배신자로 낙인찍히면 사회적 배제를 당할 수 있다는 것을 알기에 배신하지 않았다. 정말 가끔 등 뒤에서 칼을 들이대는 사람들이 여전히 있고, 믿는 도끼에 발을 찍히는 일이 생기긴 했지만, 말 그대로 가끔이었기에 감당할 수 있었다.

신뢰 있는 사람들과 신뢰 있는 척하는 사람들로 인해 세상은 평화를 되찾았다. 그리고 지금도 연약한 인류는 신뢰와 협력을 지속하고 있다. (배신자의 처단도 일어나고 있고 말이다.)

행복을 디자인하다

이직하면 평범해지는 최고 실력자

조직에서 높은 성취를 보이는 사람들은 자주 착각을 한다. '내가 잘해서 이렇게 된 거야. 너희가 먹고사는 건 다 내 덕분이야. 나는 아쉬울 것이 없지만, 내가 다른 곳으로 가면 너희는 다 아쉬울 거야.'

그런 교만과 오만이 싹트기 시작하면, 다른 사람들에게 불친절해지고, 팀원들을 무시하는 일들이 발생한다. 대우받으려고 하고, 대우해 주지 않으면 속으로 욕한다. 주는 대로 받는다고, 이렇게 불친절해진 최고 실력자를 팀원들도 불친절하게 대하기 시작한다. 부탁을 들어주지 않고, 시간을 끌거나, 대충 해 준다. 최고 실력자가 점점 꼴도 보기 싫어지면서 슬슬 피한다.

최고 실력자는 이렇게 비협조적이된 팀원들을 원망한다. 자신의 불친절이나 무시는 생각하지 않고, 모든 화살을 팀원들에게 돌린다. 그 팀의 성취는 떨어지고, 최고 실력자도 점점 실력 발휘가 어렵게 된다. 사실상 최고 실력자가 아니게 된 것이다.

최고 실력자는 또 자신의 팀원들을 원망하고, 자신을 몰라주는 조직을 박차고 나온다. 그리고 다른 곳으로 이직한다. 이직할 때 자신의 최근 실적이 아니라, 팀원들과 분위기가 좋았을 때의 높은 실적을 마치 자신이 혼자 한 것처럼 자랑해서 연봉도 좀 높인다. 거기서 새로운 팀과 일을 시작한다.

과연 예전처럼 높은 성취가 나올까? 아니! 그런 일은 발생하지 않는다. 과거의 최고 실력자는 새로운 팀에 적응하지 못했고, 새로운 팀도 최고 실력자에게 적응하지 못했기에 실수가 많고, 의사소통의 문제가 많아 성과가 좀처럼 높아지지 않는다. 그냥 평범해진다. 과거의 최고 실력자는 이것을 멍청한 팀원들 때문이라고 생각한다. 이직한 회사의 간부들은 높은 연봉을 주는데 왜 성과가 안 나오냐고 재촉한다.

결국 견디지 못한 과거의 실력자는 또 다른 회사로 간다. 소규모 회사다. 그리고 거기에는 팀원들이 없다. 자신을 도와줄 사람이 없다. 말 그대로 처음부터 끝까지 다 자기 혼자 해야 한다. 과거의 실력자는 수많은 일에 치여 자신의 실력을 제대로 발휘하지 못한다. 과거의 영광을 반도 되살리지 못한다. 업계 관계자들은 "그 사람 예전에는 일 잘하더니 요즘은 영 시원치가 않아. 실력이 후퇴했어. 실력이 다 죽었어. 감이 다 떨어졌어."라고 평가한다.

이 이야기는 그냥 소설 같은 이야기가 아니다. 높은 성취를 자기 혼자 이루었다고 생각하는 모든 사람이 경험할 수 있는 일이다. 최고의 외과 수술 전문의 세계에서 유명한 일화가 있다. 한 병원에서 최고의 수술 실력을 발휘하던 의사가 다른 병원에 초청받아서 그 병원의 수술팀과 같이 수술실에 들어가면, 의료 사고가 발생할 확률이 높아진다는 것이다. 소위 출장 수술을 가면 수술받는 환자가 위험해진다. 최고의 수술 전문의였는데, 돌팔이 의사처럼 변한 것이다.

그럼 한 병원 최고의 외과 전문의가 출장 수술을 가더라도 환자

행복을 디자인하다

가 위험해지지 않게 하려면 어떻게 해야 할까? 혼자 출장을 가면 안 된다. 원래 그 의사와 수술을 함께 했던 팀 전체가 출장을 가야 한다. 이렇게 팀 전체가 같이 이동하면 최고의 수술 실력이 유지 된다.

여기서 뭔가 깨닫게 되는 것이 없는가? 그렇다. 최고의 수술 실 력은 혼자 발휘했던 것이 아니다. 마취과 의사, 간호사, 퍼스트(조 력자) 의사라는 스태프와 수술 집도의가 함께 호흡을 맞추었을 때 최고의 실력이 나오는 것이지 집도의 혼자 최고의 성과를 낼 수 없 는 것이다.

투자 전문가의 세계에서도 비슷한 일이 벌어진다. 한 투자 전문 회사에서 최고의 수익률을 올리던 전문가가 높은 연봉으로 혼자 다른 회사로 이직하면 어떻게 될까? 그냥 평범한 수익률을 올리는 전문가로 전락한다. 왜냐고? 거기에는 이전 회사의 스태프가 없기 때문이다. 최고의 투자 전문가는 그 팀의 스태프가 양질의 자료를 조사해 주었기 때문에 가능한 일이었는데, 이직한 회사의 스태프 는 양질의 자료를 조사해 주는 실력이 없었다. 그래서 자료조사부 터 분석까지 전문가 혼자 감당해야 하는 상황이 벌어졌다. 업무 과 부하에 시달리던 그 전문가는 결국 업무 성과를 내지 못한다.

그런데 최고의 투자 전문가가 이직하고서도 최고의 실력을 발 휘하게 되는 사례도 있다. 뭐냐고? 자신과 함께 일하던 스태프 전 체가 연봉을 높여 다른 회사로 이직하는 것이다. 혼자만의 헤드 헌 팅, 혼자만의 이직이 아닌 팀 전체 헤드 헌팅, 팀 전체 이직이다. 그럼 그 최고의 팀이 최고의 투자 전문가를 보좌하면서 최고의 수익을 유지한다.

스포츠의 세계도 마찬가지다. 올림픽 메달리스트는 절대 혼자 만들어질 수 없다. 코치진, 의료진, 영양사, 스태프, 가족, 친구, 시설(환경) 등등이 합쳐져서 선수가 최고의 실력을 발휘하게 되는 것이다.

높은 성취라는 것은 항상 이런 식이다. 혼자 성취를 이루고, 혼자 성공하는 사람은 없다. 가족이 있었고, 친구가 있었고, 동료가 있었고, 환경이 있었고, 시스템이 있었고, 선배가 있었고, 후배가 있었다. 최고의 팀이 있었기에 지금의 내가 있다.

성공과 성취는 혼자 이루는 것이 아니다.

 저 사람, 예전엔 그렇지 않았어요

대부분의 사람은 모든 게 아쉽다. 단돈 천 원이 아쉽고, 만 원이 아쉽고, 오만 원이 아쉽다. 늘 부족하다. 항상 더 필요하다. 늘 목마르고, 늘 기본적인 욕구가 충분히 충족되지 않는다. 통장의 잔고는 늘지 않고, 늘 마이너스와 '0' 사이에서 불안한 줄타기를 한다. 뉴스에서 금리를 올린다는 소식이 들릴 때마다 한숨이 나오고, 이번에

행복을 디자인하다

는 어떤 것에서 소비를 줄여 이자를 내야 하나 고민이 시작된다.

그리고 이렇게 고단한 삶의 무게에 시달리다 보면, 한 가지 철학적 사고에 도달하게 된다. '그래. 나는 혼자서 버틸 수가 없구나. 인간은 혼자서는 살 수가 없구나. 만 가지 일이 있다면, 만 가지가 다 아쉬운 나는 누군가에게 도움을 받아야 하고, 실질적인 도움까지는 아니더라도, 누군가에게 언제든지 도움을 받을 수 있는 상태여야 하겠구나.'

꼭 철학자들만 이런 생각에 도달하는 것이 아니다. 인생의 풍파를 헤쳐 나가고 있는 모든 개인은 철학자가 된다. 본인이 원했든 원하지 않았든, 역경을 거쳐 오는 동안 철학적 사고가 생겨나고, 세상을 보는 시각을 갖추게 된다.

그리고 이 철학적 사고는 다음 단계로 넘어간다. 물론 이 다음 단계는 무의식적일 가능성이 높다. 지극히 자동적으로, 본능적으로, 우리 뇌에 세팅되어 있는 프로그램에 따라 이런 식의 (의식적 혹은 언어적) 생각을 하기라도 한 듯 움직인다. 궁금한가?

바로 누군가에게 도움을 받을 수 있는 사람이 되기 위해 '나는 어떤 사람이 되어야겠는가'라는 사고다. 누군가의 협력을 이끌어 내는 것이 모든 것이 아쉬운 보통 사람의 삶에서 중요한데, 나는 어떻게 타인이 내 일에 협력하게 할 수 있을까?

이건 정답이 있는 문제다. '신뢰', 이것이 정답이다. 타인의 협력을 이끌어 낼 수 있는 삶을 살기 위해서는 신뢰받을 수 있는 사람이 되어야 한다. 신뢰를 줄 수 있어야 하고, 모든 언행심사에서 신뢰의 표시들을 발견할 수 있는 사람이 되어야 한다. 친절해야 하고, 감정 조절을 잘해야 하고, 분노를 공격적으로 표출해서는 안 되며, 말을 가려서 해야 하고, 타인을 칭찬하거나 때로는 아첨할 줄도 알아야 하며, 능력 있고 실력 있는 모습을 보여 줌으로써 언제든지 사회에 기여할 준비가 되어 있음을 알려야 한다.

때로는 타인을 위해 내 시간을 내주기도 해야 하고, 거짓말이 들통나거나 타인에게 손실을 주는 행동을 해서 평판이 나빠져서는 안 된다. 말과 행동에 늘 신중에 신중을 기해야 한다. 타인이 나를 어떻게 평가할지 생각하고, 조심하고 또 조심한다.

행복에 대한 중요한 질문에 "위급한 상황에서 도움을 받을 수 있는 가족, 친구, 지인, 이웃 등이 있는가?"라는 문항이 있는 것은 우연이 아니다. 개인이 행복하기 위해서는 위급 상황에서 타인의 협력이 절실한데, 나 자신이 신뢰받는 사람이 되지 못하면, 협력을 얻지 못하고, 불행해지기 십상이라는 의미를 담고 있다. 반대로 나 자신이 신뢰를 주는 사람이 되면, 위기에서 타인의 협력을 이끌어 낼 수 있고, 행복을 지킬 수 있다. 질문 하나에 이런 엄청난 의미를 담아낼 수 있다니 심리학자들의 능력이 참으로 놀랍다.

그런데 말이다. 만약에 이렇게 모든 것이 아쉽기에, 모든 것에 협력이 필요하기에, 타인에게 친절하고, 신뢰 있게 행동하던 사람이 더 이상 아쉽지 않게 되면 어떻게 될까? 세월이 지나면서 돈을 많이 벌게 되었거나, 엄청난 권력을 가지게 되었거나, 사회경제적 지위의 상승으로 풍족한 자원을 지니게 되면 어떻게 될까?

　　　　　　　　　　　행복을 디자인하다

폴 피프(Paul Piff) 연구팀이 관심을 가진 것이 바로 이것이다. 젊은 시절 중고로 산 소형차를 끌고 다니던 사람이 세월이 흘러 돈과 권력을 가지게 된 후 최고급 외제차를 끌고 다니게 되었다면, 그 사람은 어떻게 변할까?

폴 피프 연구팀은 교차로로 나갔다. 보행자가 횡단보도에 서 있으면, 반드시 정지하거나 속도를 줄여야 하는 법규가 적용되는 지역의 교차로였다. 관찰이 시작됐다. 어떤 차들은 보행자가 횡단보도에 서 있을 때 속도를 줄여 정지했지만, 어떤 차들은 보행자가 횡단보도에 서 있을 때 더 빠른 속도로 질주하여 교차로를 통과했다.

그리고 여기에는 체계적인 규칙이 있었다. 상대적으로 저렴한 차를 운전하는 사람들일수록 규범을 더 잘 지키고 보행자를 보호하는 행동을 했지만, 상대적으로 비싼 고급 외제차를 운전하는 사람들일수록 규범을 무시하고 보행자를 고려하지 않는 행동을 한 것이다.

중고로 산 소형차를 끌고 다니는 사람들은 원래 착한 사람들이고, 최고급 외제차를 끌고 다니는 사람들은 원래 나쁜 사람들이라고? 그렇지 않다.

폴 피프가 추가적으로 확인한 바에 따르면, 모든 사람은 지위가 높다는 주관적인 느낌을 가지면 공동체의 신뢰를 저버리기 쉬워지고, 반대로 부와 지위가 낮다는 주관적인 느낌을 가지면 공동체에 신뢰감을 주는 행동을 하게 된다.

다른 말로 하면, 최고급 외제차를 끌고 다니는 사람은 원래 그런 것이 아니라 부와 권력이 커진 것이 그 사람을 그렇게 만들었고, 소형 중고차를 끌고 다니는 사람은 원래 그런 것이 아니라, 적은 부와 권력이 그 사람을 그렇게 만들었다.

풍부한 자원, 권력, 힘, 돈, 지위는 더 이상 타인의 협력이 필요 없다는 뜻이다. 그리고 이러한 무의식적인 지위와 권력의 신호는 그 사람을 변하게 할 수 있다. 부와 권력을 가지기 전에는 선하고 친절하고 신뢰를 주는 사람이었는데, 부와 권력을 가지면서 더 이상 선할 필요가 없고, 친절할 필요가 없고, 신뢰를 줄 필요가 없게 되자 이러한 이타심과 윤리성을 내던져 버린 것이다.

그러나 이렇게 내던진 이타심과 윤리성 때문에 공동체로부터 강한 처벌을 받아 권력과 지위와 돈을 잃어 버리면, 다시 친절해지고 선해지고, 신뢰를 주는 행동을 하게 된다.

평범한 대중에게 권하고 싶다. 돈과 권력이 있고 사회경제적 지위가 높아서 협력이 필요 없어진 사람들을 조심하라. 절대적인 힘은 절대적으로 부패할 수 있음을 상기하자.

돈과 권력을 가진 자들에게 권한다. 돈과 권력이 없는 것처럼 살아라. 신뢰가 여전히 필요하고, 협력이 여전히 필요한 것처럼 살라. 있을 때 잘해야 한다.

행복을 디자인하다

14 │ 이기적 이타심

 가끔, 크고, 길게 해야 행복한 이타적 행동

인간은 하나를 알면 열을 깨칠 수 있다. 원리를 하나 파악하면, 겉모습은 달라도 동일한 원리가 적용되는 일들에 쉽게 적용할 수 있다. 규칙을 하나 파악하면, 겉모습은 달라도 동일한 규칙이 적용되는 일들에 금방 적용할 수 있다. 동일한 수학 공식이 적용되는 일들을 발견하면 쉽게 해낼 수 있고, 동일한 만들기 규칙이 적용되는 일을 발견하면 쉽게 해낼 수 있다. 한 가지 스마트폰에 잘 적응하면, 신제품이 나와도 금방 적응할 수 있다.

이처럼 인간은 유사한 것들을 하나로 묶어 범주화하는 능력이 뛰어나고, 같은 범주에 들어가는 것들에 동일한 규칙이나 원리가 적용될 것이라고 일반화(generalization)하는 능력이 뛰어나다. 컴퓨터가 말을 안 듣는다고? 껐다 켜면 된다! 스마트폰이 말을 안 듣는다고? 껐다 켜면 된다! 기계가 말을 안 듣는다고? 껐다 키라! 일

일반화는 좋다! 끝?

여기서 끝나면 좋겠지만, 문제는 지금부터 시작된다. 인간은 일반화 때문에 이익을 볼 때가 많고, 일반화 덕분에 깊이 생각하지 않고도 일을 처리해 내면서 에너지를 효율적으로 쓴다. 그러다 보니 때로는 일반화를 하지 말아야 하는 대상임이 분명한데도 일반화를 해 버린다. 기존에 경험했던 상황이 아니고, 기존에 경험했던 대상이 아니고, 같은 범주로 취급할 수 없는 것인데 기존 경험으로, 기존 대상으로, 같은 범주로 취급하는 오류를 범한다.

이 지점에서 지혜로운 사람과 지혜롭지 않은 사람의 차이가 나타난다. 지혜로운 사람은 일반화할 수 있는 상황과 없는 상황을 잘 구분하지만, 지혜롭지 않은 사람은 일반화하지 말아야 할 것에 자꾸 일반화를 한다.

행복한 사람과 행복하지 않은 사람의 차이도 여기서 나타난다. 행복한 사람은 일반화해도 괜찮은 일과 아닌 일의 차이를 알고 각각 다르게 대응해 나가지만, 불행한 사람은 일반화해서 될 일과 안될 일의 차이를 모르고 똑같이 대응하다가 실패한다.

학습 방법이나 일하는 전략, 과업 수행 전략 등에 대한 과학자들의 연구결과를 내 삶에 적용할 때도 비슷한 차이가 발생한다. 지혜로운 사람은 이러한 과학자들의 발견이 적용되는 범위를 파악하고 그 범위 안에서 과학적인 사실을 적용하고 일반화하지만, 지혜롭지 않은 사람은 과학적 결과라고 하면 모든 것에 적용된다고 착각하고, 그러다 마음대로 되지 않으면 과학은 다 엉터리라고 욕한다.

행복을 디자인하다

과학자들이 내 인생의 중요한 과업들, 매일매일 해야 하는 중요한 과업들, 내 인생의 의미와 가치와 경제력·사회적 지위 등을 유지하는 것에 필요한 필수적인 일들은 나눠서 하라고, 잘게 쪼개서 하라고, 매일 조금씩 하라고 말하면 모든 것에 그렇게 하려고 한다. 행복 과학에서 강도보다는 빈도라고 말하니 모든 것에 빈도를 높이면 되는 것으로 생각한다.

물론 그렇게 한다고 무조건 잘못되는 것은 아니다. 운동은 잘게 나눠서 매일매일 자주하는 것이 좋다. 운동은 강도가 아니라 빈도다. 공부나 자기계발은 잘게 나눠서 매일매일 자주 하는 것이 좋다. 공부는 강도가 아니라 빈도다.

그런데 잠을 잘게 나눠서 조금씩 자는 게 좋을까? 아니다(밤에 7~9시간 푹 자야 함). 술을 잘게 나눠서 조금씩 마시면 좋을까? 아니다(알코올 중독의 원인). 미디어 콘텐츠 소비를 잘게 나눠서 계속 사용하면 좋을까? 아니다(미디어 중독의 원인).

"무조건 외워!"와 같은 방식으로 교육을 받은 사람들일수록 이러한 무모한 일반화 경향이 더 강해진다. 그리고 나중에 그게 아니라고 하면, 뭐가 그리 복잡하냐며 그냥 안 하겠다고 한다.

일과 봉사에 대해서도 마찬가지다. 똑같은 논리가 적용될 수 없는데 자꾸 똑같은 논리를 적용하려고 한다.

나의 생존, 경제력(소득), 사회적 지위를 지키면서 행복도 주고 의미도 주는 내 일은 매일매일 조금씩 해야 한다. 미술가의 미술 작품이 하루아침에 만들어질 수 있는가? 매일 조금씩 만들어 가야 하는 것이다. 소설가의 소설이 하루아침에 만들어질 수 있겠는가? 매일 조금씩 쓰는 것이다. 과학자의 논문이 하루아침에 만들어질 수 있는가? 매일 조금씩 연구하고 분석하고 쓰는 것이다. 이처럼 일은 매일매일 조금씩 잘게 나눠서 해야 효과적이다.

그런데 과연 봉사도 그럴까? 나의 생존, 소득, 지위와 관련 없는 이타적 행동, 친사회적 행동을 생각해 보자. 의미와 보람과 가치를 주지만, 다소 힘들 수 있고, 스트레스도 유발할 수 있으며, 오히려 금전적으로는 손해를 봐야 하고, 시간적으로도 손실을 봐야하는 봉사를 과연 매일 조금씩 잘게 쪼개서 해야 하는 걸까?

어떤 사람들은 실제로 그렇게 생각하고, 그렇게 행동한다. 일도 잘게 쪼개서 하고, 봉사도 매일매일 잘게 쪼개서 한다. 특히 이타적 행동이 행복한 삶에 도움이 된다는 것이 알려진 후부터 이렇게 매일매일 잘게 쪼개서 봉사하는 사람들이 많아졌다. 매일매일 자기 시간을 내고, 자기 에너지를 쓰고, 자기 돈을 쓰면서 봉사한다.

그리고 이들은 3개월 후에 모든 봉사를 그만둔다. 심지어 자기 일도 못하게 될 정도로 지친다. 완전히 소진되고, 스트레스가 가득하여 아무것도 하지 못하는 상태에 빠진다. 건강도 나빠지고, 우울해지는 경우도 있다.

매일매일 자기 일을 조금씩 하면서 봉사도 병행하는 것이 이 사람을 행복하게 하기는커녕 불행하게 만든 것이다. 어디서부터 잘못된 걸까? 결국 일반화하지 말아야 할 것에 일반화한 것부터가 잘못이다. 봉사가 아무리 좋고, 행복에 도움이 되더라도 일과 봉사

행복을 디자인하다

는 다르다.

일과 봉사는 구분해야 한다. 일과 봉사는 모양새가 비슷해 보일 수 있지만 전혀 다른 차원의 것이다. 이 둘은 절대 같은 범주로 묶일 수 없다. 일을 하는 데 적용되는 과학적 사실이 봉사를 하는 데 적용되면 문제가 발생한다.

봉사는 매일 조금씩 해서는 안 된다. 그럼 불행해지고, 지친다. 봉사 때문에 내 일까지 제대로 할 수 없게 된다. 주객이 전도되면 인생이 힘들어진다. 봉사하지 말라는 것이 아니다. 봉사를 일처럼 하지 말라는 것이다. 그럼 어떻게 해야 하냐고? 여기에는 전혀 다른 과학적 원리가 적용된다.

첫째, 봉사는 가끔 해야 한다. 일주일에 한 번 혹은 격주로 한 번 정도가 적당하다. 한 달에 한 번도 큰 문제가 없다.

둘째, 봉사는 한 번 할 때, 긴 시간 동안 해야 한다. 매일 한두 시간 잠깐 봉사하는 것이 사람을 지치게 만든다. 이렇게 찔끔찔끔하는 봉사에서는 의미와 가치를 느끼기도 어렵다. 이렇게 봉사해 봐야 티도 안 날 때가 많다. 그래서 봉사는 특정한 날을 잡아서 한 번에 길게 해야 한다. 그래야 티도 나고 의미와 가치를 느끼게 되며, 이렇게 느낀 의미와 가치가 스트레스를 이길 수 있다.

셋째, 봉사는 하루 날 잡아서 여러 가지 일을 한꺼번에 처리해야 한다. 일은 하루 날 잡아서 여러 가지를 처리하는 것이 좋지 않다. 그러나 봉사는 일과 다르다. 봉사는 일과 반대로 하루 날 잡아서 여러 가지를 수행하는 것이 좋다.

장애인이나 소년소녀 가장을 위한 봉사를 한다면, 매일 찔끔찔끔 하기보다 하루 날 잡아서 쇼핑도 같이 하고, 밥도 같이 먹고, 집에 보일러도 수리하고, 빨래도 하고, 설거지도 하고, 집 청소도 해주고, 머리도 감겨 주는 것이 좋다. 이 모든 것을 하루에 날 잡아서 해야지 매일 조금씩 하거나 하나씩 하는 것은 봉사하는 본인에게도 좋지 않고, 장애인에게도 좋지 않다. 장애인도 개인 생활(사생활)이 필요할 것 아닌가.

정리하면, 일은 매일 조금씩 잘게 나눠서 수행하는 것이 바람직하고, 이렇게 할 때 지치지 않고 롱런할 수 있다. 그러나 봉사는 1~2주 정도에 한 번씩 장시간 동안 여러 가지를 수행하는 것이 좋고, 이렇게 봉사할 때 삶의 의미와 가치와 보람을 느끼면서 행복해진다.

일과 봉사는 다르다. 일에 적용되는 행복 공식을 봉사에 일반화하지 말고, 봉사에 적용되는 행복 공식을 일에 일반화하지 말지어다!

 봉사는 내 삶을 지키면서 하는 것

인간은 누구나 착한 사람이 되고자 하고, 착한 사람으로 보이고 싶어 한다. 예외에 속하는 극소수의 사람들이 있긴 하지만, 말 그

행복을 디자인하다

대로 예외이며 그 숫자가 매우 적다. 인간이 착하고자 하고, 착해 보이고자 하는 것이 언제나 순수한 이타심에서 나온 것은 아니다. 다른 사람을 돕는 것이 곧 나를 돕는 것이기에, 공동체를 위해 봉사하면 공동체도 나를 위해 봉사할 것이기에, 이미지 관리를 잘해 두면 나의 사회경제적 지위를 높일 수 있는 기회의 문이 더 크게 열리기 때문에, 이타성을 발휘하는 것이 이성의 호감을 끄는 것에 도움이 되기에, 인간은 이타적으로 행동하고 말하고 판단하고 결정할 수 있다.

리처드 도킨스(Richard Dawkins)가 『이기적 유전자』에서 일찍이 언급한 '이기적 이타심'이다. 이타심의 근본에 이기적인 이익 추구가 존재할 수 있음을 간파한 멋진 표현이 아닐 수 없다. 아쉬운 것은 세상 일이 언제나 리처드 도킨스의 멋진 표현처럼 돌아가진 않는다는 데 있다. 이기적인 이타심이 되어야 할 텐데 오늘도 그냥 이타심, 내일도 그냥 이타심, 모레도 그냥 이타심, 일년 내내 그냥 이타심으로 끝나는 것을 경험하는 사람들이 상당히 많다. 그 사람의 속마음은 '내가 이렇게 잘하면, 뭔가 돌아오는 것도 있겠지?'라는 생각이 스치듯 지나가는데, 정작 돌아오는 것은 아무것도 없다.

공동체 구성원들이 그 사람의 봉사와 헌신, 그 사람의 호의와 도움 제공을 당연하게 생각하고 그냥 즐기듯이 되어 버리는 것이다. 그 사람은 자신의 시간을 써서 타인을 돕고, 심지어 자신이 해야 하는 중요한 일을 포기하면서까지 타인을 위해 헌신하고, 공동체를 위해 봉사하고, 필요한 호의와 도움을 제공했지만, 그 자신은 누구에게도 도움을 받지 못한다. 이타적인 사람이 아니라 만만한 사람. 호구! 영어로는 푸시오버(pushover)가 된 것이다.

회사에서 호구가 된 사람은 여기저기 불려 다니느라 자신의 일은 계속 처리하지 못한다. 타인을 돕느라 자신의 주된 일은 뒷전이 된다. 다른 사람들 도와주는 것에 자신의 에너지를 다 써서 정작 자신의 일은 처리를 못한다. 타인들은 고맙다는 한마디로 그 사람의 모든 도움을 끝내 버리거나, 그나마 고맙다는 인사조차 하지 않는다.

이런 악순환이 반복되면 호구가 된 회사원은 지친다. 힘겨워진다. 쓰러지기 일보 직전의 상황이 된다. 업무에서는 늘 과부하가 걸리고, 주객이 전도된 자신의 삶에서 그 어떤 보람과 가치를 느끼지 못한다. 일하는 것이 점점 의미도 없고, 재미도 없게 된다. 탈진(번아웃) 증상이 심해지면, 몸도 아프고, 일하고 싶어도 더 일할 수 없는 지경에 이른다. 우울해지고, 불안해지고, 갑자기 공포가 밀려오는 시간도 늘어난다.

결국 자신의 사회경제적 지위의 근간이 되는 일을 그만두거나 강제로 그만둠을 당한다. 이건 호구가 된 그 자신에게도 손해이지만, 그 공동체에도 손실이 된다. 사람을 다시 뽑아야 하고, 그 사람에게 받던 도움을 받지 못하게 된 사람들은 결국 실적이 떨어진다.

호구가 된 사업가나 프리랜서에게도 비슷한 일이 나타난다. 봉사활동은 말 그대로 봉사활동이다. 그런데 호구가 된 사업가나 프리랜서가 여기저기 봉사활동에 불려 다니게 되면, 정작 자신에게

행복을 디자인하다

중요한 사업이나 프리랜서로서의 중요한 업무를 하지 못하게 된다. 주객이 전도되어 버린 것이다. 이런 것이 장기화되면, 경제적인 어려움, 신체적인 아픔, 정신적인 아픔이 한꺼번에 그 사람을 친다. 고통과 상처만 남는다. 착하게 살았는데, 그에게 남은 것은 고통과 상처뿐인 것이다.

우리는 여기서 호구인 사람, 호구가 될 가능성이 높은 사람의 특성을 하나 알 수 있다. 거절하지 못한다는 것, 거절하는 방법을 모른다는 것. 그리고 우리는 또 하나 알 수 있다. 세상의 이기적인 많은 사람은 이렇게 거절하지 못하는 사람을 이용한다는 것.

그럼 호구가 되지 않기 위해서는 어떻게 해야 하나? 일단, 거절해야 한다. 어떻게 거절하냐고? 이 한 마디를 그냥 외우시라!

미안, 내가 좀 바빠.

그러면, 당신을 이용하려는 사람은 또 이렇게 말할 것이다. "진짜 잠깐이면 돼." 그럼 또 이렇게 말하라. "미안, 바빠서." 당신을 이용하려는 사람은 포기하지 않고 또 말할 것이다. "너 지금 안 바쁜 것 같은데……." "머릿속으로 생각하는 중이었어(그런데 네가 말 시켰잖아)." 이쯤 되면, 부탁하는 사람도 돌아가게 마련인데, 끈질기게 한 번 더 물어오면 이렇게 하라. "내가 할 일 다 마치면, 그때 도우러 갈게(싫음 말고)."

심리학자들이 말하는 '고장 난 레코드' 전략이다. 상대가 어떤 말을 하더라도 비슷한 의미의 말을 계속 반복하라. 그리고 한 가지를 명심하라. 당신이 하는 모든 말은 그 어떤 상황에서도 진실이다.

바쁜 것이 진실 아닌가? 생각하고 있었다는 것, 진실 아닌가? 그렇다. 이것이 당신의 진실이다. 그냥 그동안 말을 못 했을 뿐이다. 이제 말을 하면 된다. 이렇게 한 후, 자신이 해야 하는 가장 중요한 일들을 해결하라. 자신의 삶을 지키고, 자신의 일을 지키고, 자신의 사회경제적 지위를 지키는 일부터 처리하라.

봉사가 먼저가 아니다. 자신의 일, 자신의 과업, 자신에게 소득을 주고, 지위를 주고, 보람과 의미와 가치를 주는 그 일부터 해야한다. 봉사와 도움 행동, 이타적 행동은 그날그날 해야 하는 나의 일을 다 마친 후에 하라. 내 일 다 하고, 남 일을 도우라. 나의 일부터 다 하고, 공동체를 도우라. 내 일이 끝나지 않았을 때는 바쁘다고 거절하고, 나중에 하겠다고, 생각 중이라고 거절하라.

명심하라. 이타적 행동은 내 삶을 지킬 수 있는 한도 내에서 하는 것이지 이타적 행동으로 인해 내 삶을 지키지 못하는 상황을 만들어서는 안 된다. 자신의 삶과 과업에 대한 생산성을 지키면서 봉사하는 사람들이 행복한 것이지 타인을 위해서만 사는 호구는 불행해진다.

회사의 리더들(팀장, 사장, 회장)도 이것을 명심해야 한다. 아무 때나 동료를 도와주는 문화를 만들기보다 동료를 도와주는 시간을 별도로 정해서 그 시간에만 돕게 하고, 나머지 시간에는 자신의 일에 집중하도록 해 주어야 한다. 그렇지 않으면, 능력 있는 호구들

행복을 디자인하다

이 여기저기 끌려다니다가 자기 일을 못 하게 되고, 결국 회사는 그 능력자를 놓치게 될 것이다.

일과 봉사 간의 균형을 잡지 못하고 일을 더 우선순위에 두지 않으면, 장기적으로 자기 일만 하는 이기적인 사람보다 불행하고 자기 일만을 위해 이기적으로 사느니만 못한 결과가 나타날 수도 있다.

봉사는 자기 자신과 자신의 삶을 지키면서 하는 것이다. 내 것을 다 해 놓고 남의 것을 도우라. 내 것을 못 했으면 남의 것에 신경 쓰지 말라.

건강한 이타주의자는 철저한 이기주의자가 아닐까?

15 | 성격적 적응

🌀 미성숙한 방어기제

사람들은 세상을 보기 좋게 둘로 나누는 것을 좋아한다. 두 개로 나누는 것은 여러모로 매력적이다. 둘은 하나로 다 뭉쳐 놓을 때보다는 자세하고, 세 개 이상이 되는 것보다는 간단하다. 너무 복잡하지도 그렇다고 너무 단순하지도 않은 것이 둘의 매력이다. 세상을 너무 가볍게 다루지 않으면서, 어느 정도 정보도 제공하는 것이 이분법이다.

인간에 대해서도 마찬가지다. 사람들은 둘로 나누는 것을 너무 너무 좋아한다. 외향성과 내향성, 내 편과 적, 우리와 그들, 남성과 여성, 애플폰과 삼성폰, 긍정 정서와 부정 정서, 빛과 어둠. 모든 것에 중간 지대가 있고 수없이 다양한 스펙트럼이 있지만 중간 지대를 인정하는 순간 복잡해지고 설명하기 힘들어지기에 마치 중간 지대 따위는 없는 것처럼 생각한다.

심리학자들도 그렇다. 심리학자들의 특기는 집단을 나눠서 결과를 분석하는 것인데, 여기서 말하는 집단이 언제나 명확하게 구분될 수 있는 집단은 아니다. 인간은 누구나 연속선상의 어디쯤에 위치해 있는 존재이지 정확하게 절반으로 나눠 이런 부류는 이렇고, 저런 부류는 저렇다고 하기 어렵다.

하지만 심리학자들은 연구결과를 비교적 명확하게 설명하기 위해 세상에 뭔가 설명을 제공하기 위해 그렇게 한다. 평균을 기준으로 평균보다 높은 집단과 낮은 집단을 구분하거나 중앙값을 기준으로 이보다 높은 집단과 낮은 집단을 구분하고, 평균에서 1표준편차 이상 떨어져 있는 집단과 그 이하로 떨어져 있는 집단을 구분한다.

성숙한 사람과 미성숙한 사람의 구분에도 비슷한 규칙이 적용된다. 성숙한 사람과 미성숙한 사람은 딱 잘라 구분하기 어렵고, 모든 인간은 미성숙에서 성숙으로 이어지는 수직선상의 어디쯤에 위치해 있을 뿐이다.

하지만 우리는 이를 연속적인 것으로 두고 싶어 하지 않는다. 성숙과 미성숙의 경계를 구분하고 싶어 하고, 범주화하고 싶어 하는 것이 인간이다. 그리고 나서 성숙한 사람의 특성과 미성숙한 사람의 특성을 일목요연하게 정리해서 세상에 알리고자 한다.

구분하기 어려운 것을 구분되게 만드는 과정은 현실적으로 중요한 측면이 많다. 회사에서 사람을 뽑을 때, 당연히 성숙한 인격을 가진 사람을 뽑고 싶지, 미성숙한 인격을 가진 사람을 뽑고 싶어 할

행복을 디자인하다

인사담당자와 사장은 없다. 여기서 성숙과 미성숙을 어떻게 구분할 것인지, 어떤 것을 기준으로 할 것인지의 문제가 나타난다.

사람들은 누구나 성숙한 인격을 가진 사람과 친구가 되고 싶고 애인으로 만들고 싶지, 미성숙한 인격을 가진 사람을 친구로 사귀고 애인으로 만들고 싶지 않다. 여기서도 성숙과 미성숙을 식별할 수 있는 구체적인 단서가 필요하다.

안나 프로이트(Anna Freud)가 관심을 가졌던 것이 바로 이것이다. 성숙한 인간과 미성숙한 인간을 구분할 수 있는 뚜렷한 단서가 무엇일까? 그녀의 발견은 '방어기제의 성숙'이었다. 성숙한 방어기제가 관찰되는 사람은 성숙한 인격을 가진 것이고, 미성숙한 방어기제가 관찰되는 사람은 미성숙한 인격을 가진 것이다.

한 사람을 위기에 빠뜨린 후 어떻게 대응하는지를 보는 것만큼 인간의 진면목을 제대로 파악할 수 있는 방법은 없다. 위기라고 할 것까지도 없다. 한 사람을 스트레스 상황에 집어넣은 후에 그 사람이 어떤 식으로 말하고, 행동하고, 감정적인 반응들을 하며, 태도를 보이는지 관찰하면, 그 사람의 진짜 모습을 알 수 있다.

안나 프로이트의 생각이 바로 이것이다. 한 사람의 인격적 성숙은 그 사람이 위기나 스트레스 상황에 처했을 때, 어떤 식으로 반응하는지에 대한 개념인 '방어기제'를 보면 알 수 있다. 그럼 어떤 것들을 살펴봐야 할까? 안나 프로이트는 다음의 여섯 가지 미성숙한 방어기제가 나타나는지 아닌지를 살펴야 한다고 제안한다.

그녀가 제시한 미성숙한 방어기제의 첫 번째 항목은 투사

(projection)다. 만나고 싶지 않은 사람을 반드시 만나야 하는 스트레스 상황에서 투사 전략을 사용하는 사람들은 다음과 같이 말하거나 생각한다.

그 사람(내가 만나야만 하는 사람)이 나를 싫어해.
그 사람이 나를 불편해해.
그 사람이 나를 좀 껄끄러워하는 것 같아.

사실은 내가 싫은 것이고, 내가 불편한 것이고, 내가 껄끄러운 것이지만, 내가 아닌 그 사람이 나를 싫어하는 것으로 둔갑술을 펼친다. 내가 '주어'의 자리에 와야 하는데 그 사람이 '주어'의 자리에 오고, '주어'의 자리에 왔어야 할 나는 '목적어'로 간다. 어떤 장소나 자리에 가기 싫지만 가야만 할 때, "그 장소나 자리가 나와 잘 안 맞아."라고 한 적이 있다면, 여러분도 투사를 사용해 본 적 있는 것이다. 내가 그 장소를 싫어하는 것이지만, 그 장소가 나를 거부하는 것처럼 한 것이다.

미성숙한 방어기제, 그 두 번째는 공상(fantasy)이다. 뇌과학적으로 공상과 상상은 같다. 상상이 곧 공상이고, 공상이 곧 상상이다. 상상과 공상 모두 머릿속으로 이미지나 영상을 만들어 낸다. 그러나 결정적인 차이가 있다. 상상은 창의성, 생산성, 미래에 대한 전망과 계획 등 긍정적인 요소에 사용하고, 공상은 부정적인 것을 피하고 싶거나 부정적인 것을 계획하고 싶을 때 사용한다. 상상은 긍

186   행복을 디자인하다

정적이지만, 공상은 부정적이다.

누군가를 돕고 행복하게 만드는 것에 대한 이미지나 영상을 머릿속으로 만들어 냈다면 상상이다. 그러나 누군가에게 피해를 주고 복수를 하고 손실을 입히는 이미지나 영상을 머릿속에서 만들어 냈다면, 공상이다. 너무나 하기 싫지만 반드시 해야 하는 프로젝트가 있을 때, 그 프로젝트를 망가뜨리는 쪽으로 자꾸 상상을 한다면 그건 부정적인 공상이다.

나에게 막말과 폭언을 하는 사람에게 복수를 해 주거나 모욕을 주거나 폭력을 가하는 상상을 한다면 그것도 공상이다. 공상은 그 사람이 직접 이런 공상을 했다고 말하기 전에는 알기 어렵다. 그러나 본인이 이런 것을 자주 한다면, 방어기제가 미성숙한 상태라고 판단하면 된다.

물론 술을 마셔서 자제력이 약해진 사람은 자신이 한 공상을 다른 사람들에게 떠벌리는 경우도 있다. "내가 누구를 때려 주는 걸 상상했다니까, 꿈이었지만 참 통쾌했어!" 이런 말을 들은 공동체 구성원들은 그냥 웃어 줄 수도 있겠지만, 그 사람을 별로 좋아하진 않을 것이다.

그 이유는 그가 자기 자신에 대해서도 저런 상상을 할 수 있는 미성숙한 사람이자, 그러한 공상을 언제든 실행에 옮길 수 있는 위험한 사람이라고 판단하기 때문이다. 프로이트는 어떤 사람의 말실수에서도 그 사람이 평소에 어떤 위험한 공상을 하는지 알 수 있다고 하였다. 예수님도 말씀하시지 않았는가, 그 사람 마음에 가득한 것이 입으로 나온다고 말이다.

세 번째 미성숙한 방어기제는 건강염려증(hypochondriacal neurosis)이다. 스트레스 상황에 직면하거나 직면할 것 같을 때, 꼭 아픈 사람들이 있다. '머리가 아프다. 배가 아프다, 다리가 아프다, 허리가 아프다, 손이 아프다, 힘이 없다, 몸살이다' 등등 스트레스 상황에 따라 아픈 곳이 달라진다. 머리를 쓰는 일이 싫으면, 머리가 아파야 그 일을 피할 수 있고, 실제로 머리가 아파진다. 다리를 쓰는 일이 싫으면, 다리가 아파야 그 일을 피할 수 있고, 실제로 다리가 아파진다. 손을 쓰는 일이 싫으면, 손이 아파야 그 일을 피할 수 있고, 실제로 손이 아파진다.

이 건강염려증은 심리학자들이 후에 자기 불구화(self-handi-capping)라고 부르는 것과도 연결된다. 이는 실패의 구실을 만들기 위해 스스로 핸디캡을 만들고, 스스로 장애를 만드는 것을 의미한다. 미성숙한 방어기제를 가진 현대인이 가장 많이 쓰는 전략 중 하나가 아닐까 싶다. 그러나 스트레스에서 도망치는 것만으로는 결코 성숙한 인격이 될 수 없다.

네 번째 미성숙한 방어기제는 소극적(소심한) 공격(timid aggression)이다. 나에게 스트레스를 주는 대상을 직접 공격하기는 어려우니 간접 공격하는 것이 소극적 공격이다. 누군가를 비난하거나, 어떤 일을 비난하는 익명의 투서를 하거나, 어떤 사람에게 적극적으로 협조하지 않거나, 어떤 일을 계속 미루거나, 열심히 참여하지 않는다. 회사의 소모품을 낭비하거나 문제가 되지 않는 수준에서 집으로 가져가는 것도 소극적 공격의 한 예다.

다섯 번째 미성숙한 방어기제는 행동화(acting out)다. 행동화란 당한 그대로 되갚아 주는 것을 말한다. 눈에 눈 이에는 이(tit-for-tat)다. 행동화 경향이 강한 사람은 보복하려는 마음을 행동으로 옮긴다. 내 앞으로 갑자기 끼어든 차가 있는가? 그대로 되갚아 준다. 나를 툭 치고 지나갔는가? 나도 툭 치고(때로는 더 세게 치고) 지나간다. 욕을 하는가? 욕을 해 준다. 스트레스를 주는가? 똑같이 스트레스를 준다. 불편하게 하는가? 똑같이 불편하게 만들어 준다. 혹시 이것이 상식적인 반응이라고 생각한다면, 당신이 미성숙했다는 증거일 것이다. 안나 프로이트는 복수는 미성숙한 사람들의 행동이라고 말한다.

여섯 번째이자 마지막 미성숙한 방어기제는 해리(dissociation)다. 해리는 스트레스를 주는 상황에 집중하지 않고, 전혀 다른 일을 하는 것을 말한다. 몸은 회의에 참여했지만, 책상 아래에 스마트폰을 두고 누군가와 계속 채팅을 한다. 몸은 강의실에 있지만, 한쪽 귀에만 이어폰을 끼고 교수 몰래 영화를 본다. 몸은 수학 강의를 듣고 있지만, 실제로는 영어 문제지를 꺼내 놓고 풀고 있다. 몸은 박물관에 와 있지만, 박물관 휴게실에서 유튜브를 보고 있다.

이처럼 해리는 해당 장소와 맥락에 부합하는 일을 하지 않고, 불일치하는 일, 어울리지 않는 일을 하는 것이다. 옛날에 선생님들이 그러시지 않았는가, 꼭 공부 못하는 애들이 국어 시간에 수학하고, 수학 시간에 영어한다고. 이런 것이 바로 미성숙한 방어기제, 그중에서도 해리다.

만약 누군가가 최근 일주일 동안 이 여섯 가지 미성숙한 방어기제 중 세 가지 이상을 사용한 적이 있다면, 그 사람은 미성숙한 방어기제를 가진 사람이요, 미성숙한 인격을 가진 미성숙한 사람이다. 여러분의 지인들을 이 기준으로 점검해 보시라. 그리고 여러분 자신을 이 기준으로 점검해 보기 바란다.

신경증적 방어기제

인간관계에서 가장 어려운 것이 애매함이다. 우리 관계가 어디쯤인지에 대한 애매함. 이런 행동을 해도 될지, 이런 말을 해도 될지 애매함. 경계선이 어딘지, 구획 설정이 어딘지에 대한 애매함. 지도가 군데군데 비어 있거나 지워져 있는 그 참을 수 없는 애매함.

요즘 회사원들은 회식 자리에서 이런 일을 경험한다. 오랜만에 고깃집에 가서 삼겹살을 먹기로 했다. 큰 테이블에 둘러 앉아 고기가 나오길 기다린다. 숯불이 먼저 올려지고, 뒤이어 고기가 나온다. 자! 먼저 팀장님이 고기를 굽기 시작한다. 솔선수범하는 마음도 있지만 꼰대 소리를 듣기 싫어서 자기가 굽겠다고 한다.

그런데 고기 한 판을 다 구워 먹고, 팀장 팔도 슬슬 아파 가기 시작하는데, 팀원들 중에 고기 집게를 가져가는 사람이 없다. 이쯤 되면, 이제 "팀장님 좀 쉬세요! 제가 굽겠습니다"라는 사람이 나올 법도 한데, 다들 뭐 하냐고, 왜 고기 빨리빨리 굽지 않느냐는 표정이다. 속이 부글부글 끓기 시작하지만, 애매하다.

뭐라고 하면 치사한 사람될 것 같고, 이런 사회생활의 기본도 모르는 것들에게 화를 한번 내 줘야 할 것 같기도 하고, 그렇다고 "아~ 팔이 아프네~"라는 식으로 돌려서 말하면 못 알아들을 것 같고. 아, 진짜 이걸 뭐라고 하기도 그렇고 안 하기도 그렇고, 애매하다.

개인이 사회생활하는 스타일, 개인이 부정적인 상황에서 나타내는 반응의 스타일에서도 이렇게 애매할 때가 많다. 그 사람의 스타일이 뭔가 여러 사람을 불편하게 하는 것은 맞는데, 지적을 하자니 정확하게 뭐가 잘못되었는지 표현하기 힘들고, 지적을 안 하자니 그 사람 하나 때문에 여러 사람이 같이 스트레스를 받고, 괜히 눈치 보게 되고……

도대체 이들은 뭘까? 알 수 없게 불편하게 만들고, 알 수 없게 눈치 보게 만드는 너희는 대체 누구냐! 이 기분 나쁘게 애매한 녀석들아! 정체를 밝혀라!

지그문트 프로이트의 딸이자, 방어기제 연구의 선구자 안나 프로이트도 이 불편한 존재들에 관심을 가졌다. 그리고 이들의 애매함을 멋있게 표현한다. '신경증적 방어기제'의 소유자들이라고 말이다.

신경증적 방어기제는 미성숙한 방어기제와 성숙한 방어기제의 중간에 있는 애매한 단계다. '정신병적 – 미성숙한 – 신경증적 – 성숙한.' 안나 프로이트는 방어기제를 이렇게 네 단계로 나누었는데, 신경증적 방어기제는 세 번째에 속한다. 스트레스나 부정적 상황에 성숙하게 대응하는 사람들과 비교하자니 미성숙하고, 스트레스나 부정적 상황에 진짜 미성숙하게 대응하는 사람들과 비교하자니 그것보단 성숙하고. 뭐라고 하자니 그냥 넘어가도 될 문제인 것 같고, 뭐라고 안 하자니 다음에 또 그러면 계속 불편할 것 같고. 딱 이런 위치를 가진 것이 신경증적 방어기제다.

신경증적 방어기제를 가진 사람들은 네 가지 특성을 가진다. 첫째, 전위(displacement)다. 전위란 스트레스 상황을 묵묵히 참고 견디다가 엉뚱한 곳에서 폭발하는 경향을 말한다. 억눌린 스트레스가 엉뚱한 행동을 만들어 낸다는 뜻으로 이해했다면 정확하다. 전위를 사용하는 사람들은 직장에서 스트레스를 받은 후에 집에서 화를 낸다. 주먹으로 벽을 쳐서 깨거나 자신의 손을 깬다. 자판기를 발로 찬다.

최근에는 다른 곳에서 스트레스를 받고 와서 반려동물에게 화풀이를 하는 사람들도 생겼다(반려동물이 무슨 죄란 말인가, 그럴 거면 키우지를 말라고 말해 주고 싶다). 문을 쾅하고 닫고, 계속 덜그덕거리는 소리를 내면서 자신이 화가 났음을 공표한다. 참으로 어린아이 같은 모습이 아닐 수 없다. 화가 난 어린아이가 씩씩거리는 것과 뭐가 다른가?

문제는 이렇게 엉뚱한 곳에서 폭발하는 것에 대해 뭐라고 하기

행복을 디자인하다

가 어렵다는 것이다. 왜냐고? 이들이 엉뚱한 곳에서 폭발하기로 작정하고 때를 기다리다가 폭발하기 때문이다. 나를 화나게 하거나 나를 스트레스받게 한 직접적인 대상은 아니지만, 누군가 하나 잘못하기를 기다렸다가 그 사람에게 언어적·정신적 공격을 퍼붓는다. '한 명만 걸려라.' 하고 있다가, 한 명이 걸리면 그 사람은 희생양이 된다. 그것이 가족이 될 수도 있고, 친구가 될 수도 있고, 자판기나 책상, 때로는 벽이 될 수도 있다.

이것을 당한 사람들은 자신들이 뭔가 빌미를 제공한 것은 맞기 때문에 전위된 공격성을 보인 사람에게 뭐라고 하기가 어렵다. 그런데 앞으로도 계속 이런 식이라면, 같이 생활하기 어렵기에 뭐라고 하고 싶은 마음이 굴뚝같다. 저렇게까지 과민 반응해야 하나 싶다가도, 그래 내가 말실수를 했지라는 생각도 든다. 정말 미치겠다. 이렇게 애매한 것이 신경증적 방어기제다.

그냥 막 화를 낸 것이라면 무조건 그 사람 잘못이라고 볼 수 있겠지만, 이성적으로 때를 기다렸다가 나에게 잘못을 해 주길 기다렸다가, 내가 화내도 괜찮은 함정을 파 놓고 기다렸다가 화를 내기에 그 사람 잘못이라고 하기도 그렇고, 아니라고 하기도 그렇다.

미성숙한 방어기제를 가진 사람들이 직접적인 복수를 하는 것보다는 괜찮아 보이지만, 엉뚱한 곳에 화풀이한다는 측면에서 보면 충분히 성숙한 반응은 아니다. 그냥 복수를 하는 사람들은 이성을 잃고 감정적으로 반응하기에 미성숙하지만, 전위를 하는 사람들은 이성이 살아 있는 상태에서 합리적으로 화를 내고, 이성적으로 화를 내고, 이성적으로 짜증을 내기에 뭐라고 하기 어렵지만 누군가를 기분 나쁘게 하는 것은 분명하다.

그러나 이제 알아야 한다. 결국 이것도 성숙한 사람의 태도는 아니다. 신경증적 방어는 미성숙한 것과는 다르지만, 확실히 성숙하지는 않은 반응이다.

둘째, 고립(isolation)이다. 신경증적 방어기제를 보이는 사람들 중에는 스트레스가 예상되거나 스트레스를 받는 상황에 노출된 후에 잠수를 타는 사람들이 심심치 않게 나타난다. 전화 안 돼요! 문자도 안 돼요! 어딨는지 몰라요! 완전 연락두절이다. 사실 다른 사람에게 어마어마하게 피해를 준 것은 아니기에 뭐라고 하기도 애매하다. 그냥 숨은 것뿐이다. 아무도 모르는 곳으로 가고 또 가고 또 가서 자신의 존재를 숨기고 싶어 한다.

SNS의 배경화면이 바뀌고 어딘지 모를 흐릿한 사진이 올라오는 것으로 봐선 살아 있긴 한데, 도대체 어디에 있는 건지, 일을 하자는 건지 말자는 건지 알 수가 없다. 이런 사람들은 그 누구도 그 사람을 감옥에 가둔 적이 없지만, 자기 스스로를 감옥에 가두고 꽁꽁 숨는다. 감옥문도 스스로 닫는다. 잘 살펴보면, 감옥문이 밖에서 잠그는 방식이 아니라 안에서 잠그는 방식이다.

우리 주변에 이렇게 자기 스스로 만든 감옥에 스스로를 가두고 안에서 문을 잠그는 사람들이 얼마나 많은가! 뭐라고 할 수는 없지만, 건강하지 못한 방어기제임에는 틀림없다.

셋째, 억압(repression)이다. 억압은 다른 별명이 있다. '나 못 해

행복을 디자인하다

전략'이다. 신경증적 방어기제 중 억압 전략을 활용하는 사람들은 스스로를 무능함의 결정체로 만든다. 주변 사람들은 다 당신이 할 수 있다고, 당신이 해야 한다고 말하지만, 당사자는 계속 피한다. 나는 그런 사람이 아니라고, 나는 그런 능력이 없다고, 사람 잘못 봤다고 도망 다닌다. 자신의 능력을 꽁꽁 숨기고, 자신의 역량에 촘촘한 쇠그물을 감아 절대로 빠져나오지 않도록 한다. 자신은 큰 사람이 될 수 없다고 스스로를 억압하고 탄압하고, 주눅 들게 만든다. 기회가 주어져도 자신은 기회를 살릴 능력이 없다 한다.

"나 못 해."라고 말하지만, 진실은 "나 안 해."다. 못 하는 것이 아니라 안 하는 것이다. 능력이 없는 것이 아니라 능력 발휘를 하기 싫다는 것이다. 스트레스받기 싫어서, 고생하기 싫어서, 싫은 소리 듣기 싫고, 평가받기 싫고, 수정하기 싫다는 뜻이다. 다 큰 어른이라 혼내기도 뭐하지만 철없는 행동이 이런 것이리라.

마지막 네 번째는 (미묘한) 반동형성(reactance)이다. 반동형성은 간단히 말해 의도적인 미묘한 반항이다. 반동형성을 하는 사람들은 일부러 그렇게 한다. 무의식적이 아니다. 다 알면서, 보라는 듯이 자발적으로 그렇게 반항한다. "내일을 어떤 검사를 해야 하니까, 술 마시지 마세요."라고 하면, 술을 마신다. 그런데 뭐라고 할 수 없게 아주 조금, 정말 소주 한 잔, 맥주 한 캔 정도? 뭐라고 하기도 그렇고, 안 하기도 그렇게 만든다. "내일 중요한 회의가 있으니까, 일찍 오세요."라고 하면 지각을 한다. 그런데 꼭 뭐라고 할 수 없게 아주 조금 늦는다. 꼭 출석 다 부르자마자 들어와서, 출석부한 번 더 보게 만드는 식이라고 할까! (이 녀석들! 반항하냐!) 지각으로 하기도 그렇고, 안 하기도 그렇고 애매하게 만들고, 마음만 불편하게 한다. "자료를 내일까지 보내 주세요."라고 하면, 꼭 기한을 어긴다. 그런데 꼭 살짝 어긴다. 5분이나 10분 정도 늦게 보낸다. 기한을 어겼으니 무시해야 할지, 받아 줘야 할지, 받아 주자니 짜증나고, 받아 주지 않자니 치사하다는 소리 들을 것 같게 만든다.

이처럼 신경증적 방어를 가진 사람은 자신도 피곤하겠지만, 주변 사람들의 마음에 살짝 살짝 스크래치를 내면서 지치게 한다. 성숙한 척하고 싶지만, 건강하지 않은 방어기제를 가진 이런 사람들이 사회적 관계에서 가장 힘들고 어렵고 짜증나는 사람들이 아닐까 싶다. 이국희 아재가 아재 개그, 말장난을 좀 하자면, 신경증적 방어기제는 주변 사람을 참 신경질 나게 만드는 방어기제다.

 성숙한 방어기제

스트레스가 없는 인생은 없다. 누구나 다양한 형태의 스트레스를 받는다. 긴장을 하고, 불안을 느끼고, 의기소침하고, 신경질이 나고, 짜증이 나고, 화가 나고, 두렵고, 머리도 아프고, 다리도 아프고, 허리도 아프고, 배도 아프다. 칼이나 종이에 손을 베이기도 하고, 넘어져서 무릎이 까지고, 운동을 하다가 부상을 당하기도 한

행복을 디자인하다

다. 누군가에게 거부당하기도 하며, 무시당할 때도 있고, 개념 없는 누군가의 행동에 피해를 보거나, 계속 신경 쓰이게 되는 일들도 흔하다.

때에 따라 우리 스스로 스트레스를 자처할 때도 있다. 목표를 달성하기 위해 열심히 공부하고 학습하며 자기계발하는 과정은 스트레스를 자처한 것이다. 담배를 끊기 위해 노력하는 과정은 스트레스를 자처한 것이다. 살을 빼기 위해 노력하는 과정도 자처한 스트레스다.

자신의 일에 전문성을 발휘하기 위해 노력하는 사람들은 모두 스트레스를 자처한 것이고, 공동체에 기여하고 봉사하기 위해 노력하는 사람들도 모두 스트레스를 자처한 것이다. 이렇게 보면, 우리 인생은 내가 자처한 것이든 아니든 스트레스로 가득 차 있다 해도 과언이 아니다.

스트레스는 피할 수 없다. 스트레스를 피할 수 있는 사람이 있다면, 그건 죽은 사람이거나, 살았으나 죽은 것과 같은 사람일 것이다. 이런 의미에서 스트레스를 피하려고 하는 사람은 어리석다. 스트레스는 적절히 다루고 통제하고 조절해야 하는 요소이지, 제거해야 할 요소가 아니다. 그리고 마침내 스트레스를 적절하게 처리하고 다루는 것이 건강한 습관으로 자리 잡는 것이 좋다.

스트레스를 받고 다루는 것이 건강한 습관으로 자리 잡으면, 그것이야말로 스트레스가 없는 것처럼 느껴지는 삶이다. 스트레스를 건강하게 다루는 습관이 정착된 사람이라도 스트레스가 전혀 없는 것은 아니지만, 스트레스를 아주 조금 느낄 수 있다. 실제로 스트레스를 피하려고 하는 사람일수록 오히려 스트레스가 늘어갈 뿐이다. 습관적으로 스트레스를 건강하게 다루어야 한다.

예를 들어 보자. 누군가가 예고도 없이 찾아와 어떤 일을 도와달라고 한다. 많은 사람이 이 상황에 스트레스를 받는다. 내가 어떤 일을 하고 있는데 불쑥 치고 들어와서 흐름을 끊어 놓고, 그것도 모자라 내 시간을 더 많이 빼앗아 가겠다고 한다.

그러나 건강하게 스트레스를 다루는 사람은 다르다. 웃으면서 그냥 알겠다고, 내가 할 일이 있으니 조금 기다려 주면 도와주겠다고 한다. 기다리지 못하겠다면, 다음에 다시 오거나 다른 사람에게 가 보라고 한다. 이렇게 대응하는 습관이 자리 잡고 있기에 그냥 쉽게 상황 정리가 된다.

이런 말을 하는 습관이 장착되지 않은 사람에게는 스트레스인 상황이 이런 말을 할 수 있는 습관이 장착된 사람에게는 더 이상 스트레스가 아니다. 심리학에서는 이를 '조정(adjustment)'이라고 한다.

직장 상사가 온갖 짜증을 부리면서 내가 만든 문서를 결재해 주지 않는다. 많은 사람이 이 상황에 스트레스를 받는다. 그러나 건강하게 스트레스를 다루는 사람은 다르다. 이번 기회에 문서를 더 잘 편집하는 방법을 배워야겠다고 생각하고 실천한다. 이번 기회에 표현을 더 명확하게 하는 법을 배워야겠다고 생각하고 실천한다. 평소에 직장 상사와 좀 더 친해질 수 있는 방법이나 더 신뢰 있는 사람으로 인정받는 방법을 생각하고 실천한다.

결재를 받지 못한 문서는 잠시 미뤄 두고, 다른 일에 집중할 수 있는 기회를 얻었다고 생각하고 실천한다. 이런 생각과 실천을 습관적으로 할 수 있는 사람은 건강하게 스트레스를 다루는 습관이 장착된 사람이다. 이런 생각과 실천을 할 수 없다면 스트레스로 끝났을 상황이 이 사람에게는 배움과 기회로 전환되면서 스트레스가 아니게 되었다. 심리학자들은 이를 '승화(sublimation)'라고 부른다.

내일 있을 공모전 발표 혹은 면접이 너무 긴장된다. 이런 긴장은 불안을 불러 오고, 심하면 공황이 올 수도 있다. 결국 스트레스 상황이다. 그러나 건강하게 스트레스를 다루는 습관이 있는 사람은 이런 상황도 지혜롭게 극복한다. 쉽게 말해, 내일 있을 일을 예상하고 대비하고 준비하는 것이다.

내일 발표장에 가는 길에 있을 법한 문제, 발표장에서 있을 법한 문제 상황들을 리스트로 정리하고, 해결책을 마련한다. 내일 면접장에 가는 길에 있을 법한 문제, 면접장에서 있을 법한 문제 상황들을 리스트로 만들고, 해결책을 마련한다.

이렇게 리스트가 만들어지고, 리스트에 대한 해결책이 하나씩 마련될 때마다 불안과 걱정과 근심은 줄어들고, 편안해진다. 이것이 바로 심리학이 말하는 '예측 혹은 예상(prediction)'이다.

투명한 유리창을 보지 못하고 얼굴을 부딪쳐서 이마와 눈이 조금 부어올랐다. 대부분의 사람에게 짜증이 나고, 아프고, 투덜투덜하게 되는 상황이다. 하지만 다 그런 건 아니다. 이런 상황에서도 부드럽게 넘어가는 습관이 장착된 사람들이 있다. "아이고, 얼굴이 얼마나 더 예뻐지려고 이렇게 되었을까?" "아이고, 이번 기회에 성형 수술이나 확 해 버릴까!" 심지어 이런 식으로 말하면서 주변 사람들에게 웃음을 준다. 스트레스 상황을 유머러스하게 넘어 가고, 극복하는 것이다. 심리학은 이를 '재치(humor or wit)'라고 한다.

스트레스를 건강하게 다루는 사람들은 다 이런 식이다. 누군가가 볼 때는 스트레스지만, 스트레스를 건강하게 다루는 습관이 장착된 사람들에게는 더 이상 스트레스가 아니다.

조정(조율), 승화, 예상(예측), 재치. 안나 프로이트는 이 네 가지를 성숙한 방어기제라고 불렀다. 성숙한 사람들에게 나타나는 마음의 습관이라는 의미다. 행복에 대한 권위 있는 연구들에서 성숙한 방어기제가 나타나는 사람들이 그렇지 않은 사람들에 비해 청년기에 더 행복하고, 중장년기에도 더 행복하며, 행복한 노년을 보낼 확률이 높다는 것을 확인한 것은 우연이 아니다.

스트레스 상황을 부드럽고, 여유 있게 넘어갈 수 있는 마음의 습관, 건강한 방어기제가 이들의 인생을 더 잘 풀리게 만들었고, 풍요롭게 만들어 갔기에 모든 시기에 더 행복할 수 있었던 것이다.

행복한 삶을 여러분의 것으로 만들고 싶은가? 그렇다면, 고민하지 말자. 조정(조율), 승화, 예상, 재치라는 성숙한 방어기제, 성숙하고 건강한 마음의 습관을 내 것으로 만드는 것부터 시작하자. 인생을 잘 풀어 가는 사람들은 다 이러하다.

행복을 디자인하다

16 | 우리 안의 고통

 관계의 고통은 진짜 통증이다

마음이 아프다. 가슴이 미어진다. 가슴이 찢어진다. 마음이 조여 온다. 가슴에 사무친다. 서럽다. 마음이 힘들다. 마음이 져며 온다. 마음이 힘겹다. 마음이 끊어진다. 서운하다. 섭섭하다.

한글, 우리말처럼 마음의 고통을 다양하게 표현하는 언어가 있을까? 찢어지는 마음은 무엇이고, 져며 오는 마음은 무엇일까? 사무치는 마음은 무엇이고, 조여 오는 마음은 무엇인가? 사실 이건 언어로 표현할 수 없다.

그러나 우리는 안다. 찢어지는 것은 져며 오는 것과 분명 다르다. 사무치는 것과 조여 오는 것은 분명 다르다. 서러운 것과 서운한 것은 다르고, 섭섭한 것과 미어지는 것은 다르다. 어떻게 심리학자가 이런 느낌적인 느낌을 말할 수 있냐고?

이 무슨 황당한 말을, 그런 느낌적인 느낌을 말하는 것이 심리학이고 심리학자다. 심리학은 말로 표현할 수 없는 것을 어떻게 해서든 측정 가능한 형태로 만들어서 학술적인 언어로 증명하는 학문이다. 그러나 학술적인 언어라고 하여 느낌적인 느낌을 진정 잘 설명할 수 있는 건 아니다. 느낌적인 느낌이 있다는 것, 말로 설명할 수 없는 무엇인가가 진정 존재한다는 것을 증명할 뿐이다.

아픈 마음, 조여 오는 마음, 끊어지는 마음도 마찬가지다. 심리학은 말로 설명할 수 없는 이런 마음들이 실재한다는 것을 증명한다. 다양한 감정 형용사들이 그냥 말뿐이 아님을 과학적으로 검증하면 그것이 곧 심리과학이 된다.

먼저 심리학은 아픈 마음의 다양한 표현을 어떻게 정의할까? 관계의 상실, 공동체로부터의 배제, 공동체 구성원으로부터의 무시, 공동체 구성원으로부터의 외면, 공동체 구성원으로부터의 거부, 공동체 구성원의 배신에서 오는 부정적 정서들을 마음이 아픈 상태로 정의한다. 인간의 마음은 관계 때문에 아프다. 마음의 고통은 관계의 고통이다. 마음의 고통은 관계에서 오는 상처다.

그럼 혼자 살면 되지 않냐고? 혼자 살면 고독하고 외롭고 쓸쓸하고, 그래서 결국 또 아프다. 관계에 고통이 있다고 혼자 사는 것은 해결책이 아니라는 뜻이다. 아픔의 형태는 다르지만 결국 인간은 공동체와 함께 살아야 한다.

공동체와 살면서 아픔을 적게 느끼는 방향으로 관계를 맺는 것이 중요하지, 혼자 사는 것은 답이 아니다. 그럼 인간은 언제 공동체로부터 상처를 입을까? 존중받지 못할 때, 이용당할 때, 사기당

행복을 디자인하다

할 때, 공격당할 때, 오해받을 때(억울할 때, 모함을 당할 때), 사랑하던 이들과 헤어질 때(이별할 때, 사별할 때), 믿던 이에게 배신당할 때(믿는 도끼에 발등을 찍힐 때), 공동체 구성원들이 어떤 사건으로 많이 죽거나 다칠 때, 특히 공동체의 미래라고 할 수 있는 젊은이들이 어떤 사건(세월호, 이태원 사건 등)으로 많이 죽거나 다칠 때, 인간은 관계에서 상처를 받고, 고통을 느끼고, 아파한다.

그리고 이 아픔은 실체가 있는 아픔이다. 진짜 아픈 것이다. 그냥 말로만 '힘겹다, 힘들다, 사무친다, 미어진다'고 하는 것이 아니다. 신체가 그런 아픔에 반응하고, 근육이 그런 아픔에 반응하며, 면역체계가 그런 아픔에 반응하고, 신경전달물질이 그런 아픔에 반응하며, 우리 뇌가 그런 아픔에 반응한다.

그래서 이렇게 관계의 고통과 상처를 경험한 사람들은 면역이 약해지고, 소화능력도 약해진다(체한다). 근육이 뭉치고, 두통이 생기기도 한다. 심장 박동이 불규칙해지고, 혈압이나 안압, 뇌압이 상승할 수도 있다. 무엇보다 신체적 고통이 있을 때 반응하는 우리 뇌의 영역이 활성화 상태가 된다. 칼에 베이거나, 넘어져서 무릎에 상처가 나거나, 타박상을 입는 등으로 고통받을 때 활성화되는 우리 뇌의 영역이 마음의 고통에서 동일하게 활성화되는 것이다.

마음의 고통은 신체의 고통과 같다. 마음의 상처는 신체의 상처와 같다. 그래서 심각한 마음의 고통을 입으면, 뇌에 영구적인 신경화학적 변화가 이루어질 수도 있다. 마음의 고통으로 영구적인 신경화학적 변화가 나타나면, 성격이 바뀔 수도 있다. 보통 좋은 쪽으로 바뀌진 않는다. 나쁜 쪽으로 바뀐다. 선하던 사람이 큰 충격을 받은 후, 악마가 된다고나 할까. 더 심하게 마음에 충격을 받으면, 심각한 뇌 손상이 올 수도 있다.

관계의 고통은 진짜 통증이다. 치유가 필요하고, 회복이 필요한 진짜 상처다. 이런 과학적 사실과 만나면, 조상들의 지혜가 떠오른다. "사람을 가려서 만나라, 사람을 가려서 사귀어라."는 옛 어른들의 교훈은 오랜 경험에서 나온 지혜이리라. 마음에 상처를 줄 사람들을 피하고, 마음에 고통을 줄 사람들, 그래서 나에게 영구적인 신경화학적 변화를 줄 사람들을 멀리하라는 옛 어른들의 지혜를 가슴 깊이 간직해 본다.

 ## 지금 아픈 사람은 다른 아픈 사람의 마음을 모른다

"아픈 사람이 아픈 사람의 마음을 안다."라는 말과 "아파 본 사람이 아픈 사람의 마음을 안다."라는 말은 같은 말일까 다른 말일까? 여러분은 평소에 이 두 가지 문장을 얼마나 구분해서 사용하고 있는가?

"아픈 사람이 아픈 사람 마음을 안다잖아."라는 말을 "아파 본 사람이 아픈 사람 마음을 안다잖아."라는 말과 정확하게 구분해서 쓰고 있는가를 묻는 것이다. 혹시 아픈 사람이나 아파 본 사람이나 다

행복을 디자인하다

거기서 거기라고 생각이 되는가? 왜 그냥 넘어갈 수 있는 것에 딴지를 거냐고 말하고 싶은가? 이것이 그렇게 간단한 문제가 아니다.

앞서 제시한 두 문장 중 하나는 완전히 잘못된 문장이기 때문이다. 하나는 맞는 이야기지만 다른 하나는 과학적 사실과 정반대이기에 사용할 수 없는, 더 나아가 사용하면 안 되는 문장이다.

심리학자 아니랄까 봐, 또 직업병이 도진 거냐고? 그렇게 말해도 할 수 없다. 전문가와 비전문가는 여러 가지 측면에서 다르다. 일처리 속도가 다르고, 정확도가 다르며, 퀄리티가 다르다. 생각이 다르고, 사용하는 용어가 다르다.

그중에서도 가장 다른 것은 바로 세상 돌아가는 일에 대한 세밀한 범주화, 비전문가들이 두루뭉술하게 넘어가는 개념들에 대한 세밀한 구분과 나눔이 다르다. 비전문가들이 대충 넘어가고 거기서 거기인 줄 아는 것이지만, 전문가들이 볼 때는 매우 달라서 절대로 함께 사용할 수 없는 것들이 있다.

먼저, "아파 본 사람이 아픈 사람의 마음을 안다."는 문장의 과학적 사실 여부에 대해 이야기해 주겠다. 이것은 맞는 말이다. 과학적 사실이며 경험적으로 참이다. 공감이라는 말을 쓰지 않는가. 이 문장이 나타내는 것은 공감, 연민을 말한다. 과거에 아파 봤기 때문에 지금 아픈 사람의 심정을 이해한다. 과거에 힘들어 봤기 때문에, 너무 고생스러운 경험이 있기 때문에, 지금 고생하면서 힘들어하는 사람을 이해할 수 있다.

물론 여전히 좀 더 세밀하게 표현하는 것이 필요하긴 하다. 단순히 '아파 본 사람'이라고 표현하는 것보다 '과거에 아팠으나 지금은 괜찮아진 사람'이라고 표현해야 정확할 것이다. '아파 본 사람'이라고만 써도 행간을 읽어 낼 수 있는 인간의 능력이 있으니, 이렇게 세세하고 장황하게 늘어놓지 않을 뿐이다. '아파 본 사람'이라고 쓰고, '아팠으나 지금은 괜찮아진 사람'이라고 읽는다.

관계의 문제에서 어려움을 겪어 본 사람, 사랑하는 연인에게 배신당해 본 사람, 믿었던 사람에게 이용당해 본 사람, 나쁜 공동체 구성원들에게 따돌림을 당해 본 사람, 무시당해 봤고, 멸시받아 봤고, 거절당해 봤던 사람, 온갖 종류의 사회적 배제(사회적 배척)를 경험하면서 아파했던 사람들이 있다.

하지만 지금은 괜찮아졌다. 비 온 뒤에 땅이 굳듯이, 더 튼튼해지고 단단해지고 강해졌다. 이제는 어려움을 겪지 않는다. 무시당하지 않고, 거절당하지 않고, 따돌림당하지 않는다. 모든 사람이 나를 존중하고, 신뢰하고, 응원하고, 지지한다.

이런 사람들은 타인에게 공감하고 연민을 느끼면서 그들에게 친절하고, 도우려 한다. 이렇게 공감하고 이해하는 사람들, 타인의 현재 상황을 자신이 겪었던 과거와 잘 대응시키는 사람들은 이타적이고, 친사회적이다. 이들의 이타적 행동과 친절은 또 다른 친절과 이타적 행동을 낳아 계속 더 좋은 상태로 이끈다.

다음으로 넘어가자. "아픈 사람이 다른 아픈 사람의 마음을 안다."는 문장의 과학적 사실 여부를 알려 줄 차례다. 결론적으로 이 문장은 완전한 거짓이다. 과학적으로 증명된 적이 없다. 심지어 과

행복을 디자인하다

학적으로는 정반대의 사실이 증명되었다.

더 설명을 해 달라고? 좋다. 현재 아픈 사람은 절대로 타인의 아픔에 공감하지 못한다. 지금 죽을 것같이 힘든 상황에 처한 사람은 타인의 고통을 절대 이해하지 못한다. 아픔과 고통과 배신과 사회적 배제가 현재 진행형인 사람은 타인에게 공감하지 못하고, 타인의 눈으로 그 상황을 헤아리는 능력이 마비된다.

생각해 보라. 나도 지금 죽게 생겼는데, 타인의 아픔이 보이겠는가? 지금 힘들고 고통스러운 사람은 철저하게 이기적이 된다. 타인에게 친절하지 않고, 타인을 경계한다. 힘든 사람은 날카롭고 예민하다. 날이 서 있다. 언제든 공격할 준비가 되어 있다. 방어적이 되고, 언제든 폭발할 준비를 해 놓은 폭탄과 같이 된다. 이들은 베풀지 않는다. 나누지 않는다. 받으려고 하고, 받는 것을 당연하게 생각한다. 이렇게 힘든 나에게 모든 사람이 잘해 주어야 하는데, 잘해 주지 않는 것에 불만을 품고, 잘해 주면 마땅히 받을 것을 받았다고 생각한다.

그리고 이런 언행과 태도 속에서 또 다른 사회적 배제의 고통이 따른다. 거부와 거절, 무시와 멸시가 또 발생한다. 악순환이 이어진다. 반사회적 행동이 또 다른 반사회적 행동을 유발함으로써 상황이 계속 좋지 않은 방향으로 흐르는 것이다.

(과거에) 아파 본 사람은 아픈 사람의 마음을 안다. 그러나 (현재) 아픈 사람은 아픈 사람의 마음을 모른다.

 죄책감과 수치심은 길이 다르다

심리학은 똑같은 상황에서 사람들의 반응 차이를 알아보길 좋아한다. 이러한 반응 차이가 어디서 오는지 연구하는 사람이 바로 심리학자다. 길에서 10만 원을 주웠을 때, 크게 기뻐하는 사람이 있고, 그냥 안도하는 사람이 있다. 무슨 차이일까? 외향성과 내향성의 차이일 수도 있고, 10만 원을 줍기 전에 아무 일도 없었는지, 아니면 10만 원 손해 보는 일이 있었는지의 차이일 수도 있다.

서로 다른 날에 진행된 노래 경연대회에서 모두 세 번째 순서로 참가하게 되었는데, 어떤 날에는 긴장하지 않으면서 실력 발휘를 제대로 하는 경우도 있고, 어떤 날에는 너무 긴장되어 제 실력을 발휘하지 못하는 경우도 있다. 똑같은 세 번째 순서인데, 무슨 차이냐고? 어떤 날에는 두 번째 순서로 나온 사람이 너무 못했고, 다른 날에는 두 번째 순서로 나온 사람이 너무 잘했다. 또한 하루는 경연대회 전에 평소보다 큰 사이즈로 커피를 먹었고(카페인 효과로 인해 심장의 두근거림이 커져서 불안해짐), 다른 날에는 커피를 먹지 않았을 수도 있다.

어떤 일을 똑같이 망친 두 사람의 반응에서도 이러한 반응 차이를 볼 수 있다. 한 사람은 '어쩔 수 없었어, 아직 때가 되지 않았어, 더 잘 준비하자, 좋은 경험이었어, 이번 일을 통해 배웠어, 실력을 더 키워서 다시 도전하자' 등의 반응을 하면서 회복하고 다시 일어서지만, 다른 사람은 '난 왜 이 모양이지, 난 역시 안 되는 사람이

행복을 디자인하다

야, 난 이제 끝장이야, 나 같은 사람이 뭘 할 수 있겠어, 내가 너무 싫어, 내가 다 망쳐 놨어 등의 반응을 하면서 더 깊은 우울과 불안, 스트레스의 늪에 빠져 허우적거리다 이내 가라앉는 사람도 있다.

직장에서 똑같은 프로젝트에 실패한 A씨와 B씨의 반응도 결코 동일하지 않다. A씨는 '내가 공동체의 일을 망치다니, 책임감이 무겁다. 앞으로 더 열심히 해서 이번 일을 만회해야겠어!'라고 전의를 불태우는 반면, B씨는 '내가 공동체의 일을 망치다니, 나의 존재 자체가 실수고, 실패야. 회사를 떠날 때가 되었어!'라고 하며 사직서를 작성한다.

도대체 뭐가 다른 걸까? 왜 똑같은 일에 대해 반응이 이렇게까지 다른 걸까? 여기에는 사람들이 잘 구분하지 않는 두 가지 서로 다른 정서가 개입된다. 바로 죄책감과 수치심이다.

- 죄책감은 저지른 잘못에 대해 책임을 느끼는 마음이다.
- 수치심은 몹시 부끄러워 다른 사람들을 볼 낯이 없거나 스스로 떳떳하지 못한 마음이다.

죄책감과 수치심의 실제 의미가 이렇게 다르다는 걸 여러분은 알고 있었는가? 모르긴 몰라도, 오늘 처음 알게 된 분들도 있을 것이다. 그렇다고 죄책감이나 수치심을 느끼실 필요는 없다. 심리학 전공자들 중에서도 죄책감과 수치심을 구분하지 못하는 사람들이 많으니까!

좀 더 깊은 이야기로 들어가 보자. 죄책감은 단순히 어떤 일을 망쳤다고, 실패했다고, 실수했다고, 손실을 봤다고 느끼는 감정이 아니다. 만약 여러분이 자기 혼자 어떤 일을 했는데, 그 일을 망쳤다고 죄책감이나 수치심을 느낄까? 여러분 혼자서 주식 투자를 했고, 혼자 돈을 날리면 죄책감이나 수치심이 들까? 아니다.

내가 한 일을 아무도 모르고, 아무에게도 피해를 준 일이 없고, 그냥 내가 시작해서 내가 끝냈는데, 무슨 죄책감과 수치심이 있겠는가. 이렇게 혼자 하고, 혼자 망치면, 그냥 좀 기분이 나쁘고, 화가 나고, 우울해질 수는 있어도, 여기서 죄책감이나 수치심을 느끼진 않는다.

그런데 여러분이 주식 투자에 실패해서 가족도 같이 피해를 보게 되었다면? 여러분이 회사의 일을 망쳐서 우리 팀원들도 같이 피해를 보게 되었다면? 야구 경기의 마무리 투수가 9회 말 투아웃에서 실투를 해서 홈런을 맞고, 팀이 역전패하게 되었다면?

그렇다. 이럴 경우에는 죄책감이나 수치심을 느낀다. 이처럼 죄책감과 수치심은 내가 공동체의 문제에 깊이 관여했고, 이렇게 내가 깊이 관여한 공동체의 일이 잘못되었을 때 느끼는 서로 다른 감정이다.

그럼 누가 죄책감을 느끼고, 누가 수치심을 느끼는 걸까? 먼저 죄책감을 느끼는 사람은 평소 자신을 존중하고, 공동체를 존중하는 사람일 가능성이 높다. 이 사람은 소속감을 가지고, 자신이 여러 가지 일을 잘 통제하고 있다고 느끼면서 행복했던 사

행복을 디자인하다

람일 것이다.

죄책감을 느끼는 사람은 공동체 구성원들과 건강한 관계, 신뢰 있는 관계를 맺고, 자신의 잘못에 대해 비난하는 사람보다 자신과 함께 아픔을 공유하고, 해결하기 위해 나서 줄 사람이 더 많다고 느끼는 사람이다.

그리고 이렇게 책임감을 느낀 사람은 공동체 구성원들에게 사과하고, 용서를 구하고, 더 잘하겠다고, 더 열심히 해서 보상하겠다고, 더 열심히 공부하고, 분석하고, 대비하고, 실력과 역량을 쌓고, 혁신하고, 변화해서 다음에는 절대 같은 실수를 반복하지 않겠다고 다짐하고, 다시 일어선다. 떠나는 게 책임이 아니고, 책임을 짊어지고 나아가야 책임임을 알고 전진해 나간다.

죄책감은 사과와 용서의 길, 다시 도전해서 만회하고 더 발전시키는 길, 더 열심히 하는 길로 나아간다.

그러나 수치심은 다르다. 수치심을 느끼는 사람은 평소 자신을 존중하지 못하고, 공동체도 존중하지 못하는 사람일 가능성이 높다. 공동체 구성원들과 신뢰 있고, 안정적이며, 건강한 관계를 맺지 못했던 사람일 것이고, 자신이 어떤 일들을 잘 통제하고 있다고 느끼지 못하는 불행한 사람일 것이다.

수치심을 느끼는 사람은 공동체 구성원들이 다 나를 비난할 것이라고 느끼고, 머릿속으로 자신을 비난하는 사람들의 목소리와 얼굴을 상상하면서 불안과 부끄러움을 느낀다. 자신의 아픔을 들어 줄 사람이 없고, 외딴 섬에 혼자 있다고 느끼면서 몹시 외롭고 고독해 한다.

이렇게 수치심을 느낀 사람은 공동체 구성원과 거리를 두게 되고, 자신은 존재 가치가 없는 사람, 투명 인간 취급받아 마땅한 사람이라고 생각하면서 떠날 준비를 한다. 그리고 심각하면 실제로 세상 자체를 떠나 버린다.

과거 메이저리그 야구 선수 도니 무어는 1984년부터 1986년까지 68세이브를 기록했던 최고의 마무리 투수였다. 그러나 1986년 아메리칸리그 챔피언십시리즈 5차전에서 데이브 핸더슨에게 9회에 홈런을 맞고, 패전 투수가 되었다. 그는 죄책감이 아니라 수치심을 느꼈다. 그 후 도니 무어는 알코올 중독자가 되었고, 가정은 완전히 파탄났다. 3년 후인 1989년 그는 결국 자살로 생을 마감한다. 실투 하나가 그를 죽인 것이다.

잘못 던진 공 한 개에 수치심을 느끼는 사람은 이렇게 될 수 있다. 나는 여러분이 죄책감을 느낄지언정 수치심을 느끼진 않았으면 한다. 죄책감의 기반은 행복이요, 수치심의 기반은 불행이다. 죄책감의 기반은 건강하고 신뢰있는 관계요, 수치심의 기반은 경쟁하고 모욕하는 관계다.

수치심이 자신을 자꾸 어둠으로 몰고 간다면, 일단 이렇게 해 보자. 첫째, SNS를 끊자. SNS는 사회 비교를 통해 자신을 더 못난 사람으로 만들 가능성이 높다. 건강하게 자신의 이야기를 올릴 수 있게 준비되기 전까지는 SNS를 완전히 탈퇴하라.

둘째, 의미 일기를 쓰자. 실패한 일에도, 실수한 일에도, 나쁜 일

행복을 디자인하다

에도 분명 의미가 있기 마련이다. 또한 이런 나쁜 일들에 대한 의미를 깨닫게 되는 순간이 분명히 올 것이다. 그때를 놓치지 말고 의미 일기를 쓰자. 나쁜 일을 의미 있는 일로, 실수를 의미 있는 일로, 실패를 의미 있는 일로 바꾸는 연습이 당신을 건강하고, 자존감 높고, 행복한 사람으로 만들어 줄 것이다. 우리 삶을 지탱해 주는 것은 쾌락이나 재미가 아니라, 의미임을 기억하자.

셋째, 가볍게 운동을 하자. 팔굽혀 펴기 2개부터 시작하라. 스쿼드를 5개만 하라. 계단 오르기를 5분만 하라. 그리고 조금씩 늘려 가라. 운동은 우리에게 작은 성취감을 느끼게 하고, 뇌의 혈액을 풍부하게 공급하면서 신체 기능과 정신 기능을 향상시켜 준다. 자신감을 회복하게 해 줄 것이고, 세상에 대한 신뢰를 회복하는 것에도 도움을 줄 것이다.

넷째, 독서를 하자. 어떤 책이든 좋다. 쉬운 책, 잘 읽히는 책, 정 힘들면 어린이 동화책부터 읽자. 책을 읽으면서 생각이 정리되고, 어휘력도 풍부해지고, 표현력도 풍부해질 것이다. 작가들의 풍부한 어휘력을 통해 자신의 감정이나 상황을 해석하는 능력도 더 풍부해질 것이다. 아는 만큼 보이게 될 것이고, 들리게 될 것이며, 이렇게 아는 것이 늘어 갈수록 나 자신이 통제할 수 있는 일이 많다고 느끼게 될 것이다. 풍부한 간접 경험을 통해 감정을 통제하여 평정심을 유지하는 능력도 향상되고, 세상을 더 큰 틀에서, 큰 그림에서 보게 될 것이다. 넓은 시야는 독서에서 나온다. 넓은 시야를 가지게 되면, 마음이 편안해지고, 불안도 감소한다.

다섯째, 방청소를 하자. 내가 일하는 공간, 내가 머무는 방을 정리 정돈하는 것은 물리적 공간을 정리하는 효과만 있는 것이 아니다. 인간은 물리적 공간을 정리하면서 마음도 정리할 수 있다. 엄마가 방청소 좀 하라고 하는 것이 그냥 하는 이야기가 아니다. 엄마 말을 잘 듣자. 방청소를 해야 마음과 생각도 정리되고, 우리 뇌는 이렇게 마음과 생각이 정리될 때, 안도감과 안전함을 느낀다. 당신이 있는 곳을 정리하는 것은 당신이 있는 곳을 안전하게 만든다는 뜻이며, 마음의 불확실성을 해소한다는 뜻이다.

그대여! 수치심의 길을 가지 마오!

에필로그
Epilogue

이 책을 마무리하면서 여러분에게 이런 이야기를 해 주고 싶다. 일과의 관계와 사회적(인간적) 관계가 깨끗하게 분리되는 것처럼 책을 구성했지만, 사실 이 두 가지는 얽히고설켜서 따로 분리하기 어렵다는 것이다.

직장에는 내 일도 있지만, 상사, 부하, 동료들과의 관계가 있다. 사업장에는 내 일도 있지만, 고객, 거래처 사람들과의 관계가 있다. 내 일과 건강한 관계를 맺으려면 그 일과 관련된 사람들과도 건강한 관계를 맺어야 하고, 내 일과 관련된 사람들과 건강한 관계를 오래도록 지속하려면 내 일과 건강한 관계를 맺고 있어야 한다.

건강한 삶은 일 따로 인간관계 따로가 아니다. 일만 하면서 사회적 관계에 전혀 신경 쓰지 않는 것도 온전치 못하고, 사회적 관계만 신경 쓰며 일을 내팽개치는 것도 온전치 못하다.

부디 나와 일 사이, 나와 너 사이, 나와 우리 사이에 골고루 관심을 가지는 건강하고, 아름다우며, 균형감 있는 삶을 만들어 가시길. 그리고 행복하시길.

행복은 '사이'에 있다.

행복을 디자인하다

참고문헌
References

01 나와 나
나를 편하게 수용하라
Waterman, A. S. (1982). Identity development from adolescence to adulthood: An extension of theory and a review of research. *Developmental Psychology, 18*(3), 341–358.
'정체성은 발견하는 것'이라는 오래된 오류에서 벗어나기
Maree, J. G. (2021). The psychosocial development theory of Erik Erikson: Critical overview. *Early Child Development and Care, 191*(7–8), 1107–1121.

Schachter, E. P. (2005). Erikson meets the postmodern: Can classic identity theory rise to the challenge? *Identity, 5*(2), 137–160.
'정체성은 하나여야 한다'는 거짓에 맞서기
Markus, H., & Wurf, E. (1987). The dynamic self-concept: A social psychological perspective. *Annual Review of Psychology, 38*(1), 299–337.

02 나와 목표
아리스토텔레스의 유언
Heinaman, R. (1988). Eudaimonia and self-sufficiency in the Nicomachean Ethics. *Phronesis, 33*(1), 31–53.

Ryan, R. M., & Martela, F. (2016). Eudaimonia as a way of living: Connecting Aristotle with self-determination theory. In *Handbook of eudaimonic well-being* (pp. 109–122). Springer, Cham.

Waterman, A. S. (1990). The relevance of Aristotle's conception of eudaimonia for the psychological study of happiness. *Theoretical & Philosophical Psychology, 10*(1), 39–44.

동사형 목표 세우기

Leijen, Ä., & Kullasepp, K. (2013). All roads lead to Rome: Developmental trajectories of student teachers' professional and personal identity development. *Journal of Constructivist Psychology*, *26*(2), 104–114.

McLean, K. C., & Pasupathi, M. (2012). Processes of identity development: Where I am and how I got there. *Identity*, *12*(1), 8–28.

03 나와 인생
전공 따지지 말고, 기회를 주는 곳으로 가라

Grant, A. (2021). Think Again: *The Power of Knowing what You Don't Know.* Viking.

Sonenshein, S., Dutton, J. E., Grant, A. M., Spreitzer, G. M., & Sutcliffe, K. M. (2013). Growing at work: Employees' interpretations of progressive self-change in organizations. *Organization Science*, *24*(2), 552–570.

성공의 비결은 다양한 가능성을 함께 추구해 가는 것

Coombs, C. H., & Huang, L. (1970). Tests of a portfolio theory of risk preference. *Journal of Experimental Psychology*, *85*(1), 23–29.

Raffiee, J., & Feng, J. (2014). Should I quit my day job?: A hybrid path to entrepreneurship. *Academy of Management Journal*, *57*(4), 936–963.

04 지금의 나와 성장할 나
대부분의 노력은 평범하다

Ceci, S. J. (1996). *On intelligence*. Harvard University Press.

Pfeifer, R., & Scheier, C. (2001). *Understanding intelligence*. MIT press.

Sternberg, R. J. (2013). *Intelligence*. John Wiley & Sons, Inc..

지능과 재능의 발전과 성장 인정하기

Dweck, C. (2012). *Mindset: Changing the way you think to fulfil your potential.* Hachette UK.

05 비교하지 않는 사이

할 수 있는 걸 하며 기뻐하는 삶

Blanchflower, D. G. (2021). Is happiness U-shaped everywhere? Age and subjective well-being in 145 countries. *Journal of Population Economics*, *34*(2), 575–624.

Leary, M. R., & MacDonald, G. (2003). Individual differences in self-esteem: A review and theoretical integration. In M. R. Leary & J. P. Tangney (Eds.), *Handbook of self and identity* (pp. 401–418). The Guilford Press.

Pyszczynski, T., Greenberg, J., Solomon, S., Arndt, J., & Schimel, J. (2004). Why Do People Need Self-Esteem? A Theoretical and Empirical Review. *Psychological Bulletin, 130*(3), 435–468.

Rosenberg, M. (1979). *Conceiving the Self.* Basic Books.

Tesser, A. (2004). Self-esteem. In M. B. Brewer & M. Hewstone (Eds.), *Emotion and motivation* (pp. 184–203). Blackwell Publishing.

안정적인 자존감의 비결

Colvin, C. R., Block, J., & Funder, D. C. (1995). Overly positive self-evaluations and personality: negative implications for mental health. *Journal of Personality and Social Psychology, 68*(6), 1152–1162.

Baumeister, R. F., Campbell, J. D., Krueger, J. I., & Vohs, K. D. (2003). Does high self-esteem cause better performance, interpersonal success, happiness, or healthier lifestyles? *Psychological Science in the Public Interest, 4*(1), 1–44.

Kernis, M. H. (2003). Toward a conceptualization of optimal self-esteem. *Psychological Inquiry, 14*(1), 1–26.

Kernis, M. H., Cornell, D. P., Sun, C. R., Berry, A., & Harlow, T. (1993). There's more to self-esteem than whether it is high or low: The importance of stability of self-esteem. *Journal of Personality and Social Psychology, 65*(6), 1190–1204.

Kernis, M. H., Grannemann, B. D., & Barclay, L. C. (1992). Stability of self-esteem: Assessment, correlates, and excuse making. *Journal of Personality, 60*(3), 621–644.

Kernis, M. H., Paradise, A. W., Whitaker, D. J., Wheatman, S. R., & Gold-man, B. N. (2000). Master of one's psychological domain? Not likely if one's self-esteem is unstable. *Personality and Social Psychology Bulletin*, *26*(10), 1297–1305.

06 몰입하는 사이
선택하고 주의를 유지하라

Dehaene, S. (2010). *Reading in the brain: The new science of how we read*. Penguin Group USA.

Dehaene, S. (2011). *The number sense: How the mind creates mathematics* (Rev. and updated ed.). Oxford University Press.

Dehaene, S. (2014). *Consciousness and the brain: Deciphering how the brain codes our thoughts*. Penguin.

Dehaene, S. (2021). *How we learn: Why brains learn better than any machine... for now*. Penguin.

어라? 벌써 시간이 이렇게 되었나?

Csikszentmihalyi, M. (1990). *Flow: the psychology of optimal experience*. Harper Perennial Modern Classics.

Engeser, S. (Ed.). (2012). *Advances in flow research*. Springer Science + Business Media.

Jackson, S. A., & Csikszentmihalyi, M. (1999). *Flow in sports*. Human Kinetics.

나도 몰입하고 싶죠!

Ashinoff, B. K., & Abu-Akel, A. (2019). Hyperfocus: the forgotten frontier of attention. *Psychological Research*, *85*(1), 1–19.

Bailey, C. (2018). *Hyperfocus: How to manage your attention in a world of distraction*. Penguin.

07 꾸준한 사이
성공하는 사람은 무너질 만한 상황을 만들지 않는다

Galla, B. M., & Duckworth, A. L. (2015). More than resisting temptation:

Beneficial habits mediate the relationship between self-control and positive life outcomes. *Journal of Personality and Social Psychology*, *109*(3), 508–525.

Hofmann, W., Baumeister, R. F., Förster, G., & Vohs, K. D. (2012). Everyday temptations: An experience sampling study of desire, conflict, and self-control. *Journal of Personality and Social Psychology*, *102*(6), 1318–1335.

Shoda, Y., Mischel, W., & Peake, P. K. (1990). Predicting adolescent cognitive and self-regulatory competencies from preschool delay of gratification: Identifying diagnostic conditions. *Developmental Psychology*, *26*(6), 978–986.

Tangney, J. P., Baumeister, R. F., & Boone, A. L. (2004). High self-control predicts good adjustment, less pathology, better grades, and interpersonal success. *Journal of Personality*, *72*(2), 271–324.

Wood, W. (2019). *Good habits, bad habits: The science of making positive changes that stick.* Pan Macmillan.

Wood, W., & Rünger, D. (2016). Psychology of habit. *Annual Review of Psychology*, *67*, 289–314.

할 만하다고 생각되게끔 만들라

De Ridder, D. T., Lensvelt-Mulders, G., Finkenauer, C., Stok, F. M., & Baumeister, R. F. (2012). Taking stock of self-control: A meta-analysis of how trait self-control relates to a wide range of behaviors. *Personality and Social Psychology Review*, *16*(1), 76–99.

Hull, C. L. (1932). The goal-gradient hypothesis and maze learning. *Psychological Review*, *39*(1), 25–43.

Kivetz, R., Urminsky, O., & Zheng, Y. (2006). The goal-gradient hypothesis resurrected: Purchase acceleration, illusionary goal progress, and customer retention. *Journal of Marketing Research*, *43*(1), 39–58.

집중 안 되는 날이라고 '0'을 만들진 말라

Currey, M. (Ed.). (2013). *Daily rituals: How artists work.* Knopf.

Clear, J. (2018). *Atomic Habits.* Random House.

Schegloff, E. A. (1986). The routine as achievement. *Human Studies*, *9*(2–3), 111–151.

08 믿음직한 나와 너
신뢰의 3요소

Baumeister, R. F., Maranges, H. M., & Sjåstad, H. (2018). Consciousness of the future as a matrix of maybe: Pragmatic prospection and the simulation of alternative possibilities. P*sychology of Consciousness: Theory, Research, and Practice*, *5*(3), 223–238.

Dupree, C. H., & Fiske, S. T. (2017). Universal dimensions of social signals: Warmth and competence. In *Social Signal Processing* (pp. 23–33). Cambridge University Press.

Fiske, S. T., Cuddy, A. J., & Glick, P. (2007). Universal dimensions of social cognition: Warmth and competence. *Trends in Cognitive Sciences*, *11*(2), 77–83.

Monroe, A. E., Ainsworth, S. E., Vohs, K. D., & Baumeister, R. F. (2017). Fearing the future? Future-oriented thought produces aversion to risky investments, trust, and immorality. *Social Cognition*, *35*(1), 66–78.

Sjåstad, H., & Baumeister, R. F. (2020). Fast optimism, slow realism? *Causal evidence for a two-step model of future thinking*.

van Esterik-Plasmeijer, P., & van Raaij, W. F. (2017). Banking system trust, bank trust, and bank loyalty. *International Journal of Bank Marketing*, *35*(1), 97–111.

리터러시와 건강한 관계

Mashburn, A. J., & Pianta, R. C. (2006). Social relationships and school readiness. *Early Education and Development*, *17*(1), 151–176.

Ostrosky, M. M., Gaffney, J. S., & Thomas, D. V. (2006). The interplay between literacy and relationships in early childhood settings. *Reading & Writing Quarterly*, *22*(2), 173–191.

Pellegrini, A. D., Galda, L., Bartini, M., & Charak, D. (1998). Oral language and literacy learning in context: The role of social relationships. *Merrill-Palmer Quarterly, 44(1), 38–54.

Snow, C. (1983). Literacy and language: Relationships during the preschool years. *Harvard Educational Review, 53*(2), 165–189.

Triplett, C. F. (2007). The social construction of "struggle": Influences of school literacy contexts, curriculum, and relationships. *Journal of Literacy Research, 39*(1), 95–126.

09 부모가 만드는 세상에 대한 관점과 태도
부모의 사회성이 내 사회성이 되다

Ainsworth, M. D. (1985). Patterns of attachment. *Clinical Psychologist, 38*(2), 27–29.

Ainsworth, M. D. S., Blehar, M. C., Waters, E., & Wall, S. (1978). *Patterns of attachment: A psychological study of the strange situation.* Lawrence Erlbaum.

Bowlby, J. (1982). Attachment and loss: Retrospect and prospect. *American Journal of Orthopsychiatry, 52*(4), 664–678.

Bowlby, J., May, D. S., & Solomon, M. (1989). *Attachment theory.* Los Angelas, CA: Lifespan Learning Institute.

Carlson, E. A., & Sroufe, L. A. (1995). Contribution of attachment theory to developmental psychopathology. In D. Cicchetti & D. J. Cohen (Eds.), *Wiley series on personality processes. Developmental psychopathology, Vol. 1.* Theory and methods (pp. 581–617). John Wiley & Sons.

Levy, K. N., Ellison, W. D., Scott, L. N., & Bernecker, S. L. (2011). Attachment style. *Journal of Clinical Psychology, 67*(2), 193–203.

이상하게 회피형과 불안형이 만나요

Mucha, L. (2019). *Love factually: The science of who, how and why we love.* Bloomsbury Publishing.

10 안정적인 나 가꾸기
같이 일하고 싶은 사람이 되려면

Deffenbacher, J. L., & McKay, M. (2000). *Overcoming situational and general anger: A protocol for the treatment of anger based on relaxation, cognitive restructuring, and coping skills training.* New Harbinger Publications.

Deffenbacher, J. L., McNamara, K., Stark, R. S., & Sabadell, P. M. (1990). A combination of cognitive, relaxation, and behavioral coping skills in the reduction of general anger. *Journal of College Student Development, 31*(4), 351–358.

Diong, S. M., & Bishop, G. D. (1999). Anger expression, coping styles, and well-being. *Journal of Health Psychology, 4*(1), 81–96.

Fabes, R. A., & Eisenberg, N. (1992). Young children's coping with interpersonal anger. *Child Development, 63*(1), 116–128.

Hart, K. E. (1991). Coping with anger-provoking situations: Adolescent coping in relation to anger reactivity. *Journal of Adolescent Research, 6*(3), 357–370.

Willner, P., & Tomlinson, S. (2007). Generalization of anger-coping skills from day-service to residential settings. *Journal of Applied Research in Intellectual Disabilities, 20*(6), 553–562.

나를 받아들이기

Bruce, P. (1958). Relationship of self-acceptance to other variables with sixth grade children oriented in self-understanding. *Journal of Educational Psychology, 49*(5), 229–238.

MacInnes, D. L. (2006). Self-esteem and self-acceptance: An examination into their relationship and their effect on psychological health. *Journal of Psychiatric and Mental Health Nursing, 13*(5), 483–489.

Rodriguez, M. A., Xu, W., Wang, X., & Liu, X. (2015). Self-acceptance mediates the relationship between mindfulness and perceived stress. *Psychological Reports, 116*(2), 513–522.

Shepard, L. A. (1979). Self-acceptance: The evaluative component of the self-concept construct. *American Educational Research Journal, 16*(2), 139–160.

Sun, J., Wang, Y., Wan, Q., & Huang, Z. (2019). Mindfulness and special education teachers' burnout: The serial multiple mediation effects of self-acceptance and perceived stress. *Social Behavior and Personality: An International Journal, 47*(11), 1–8.

Szentagotai, A., & David, D. (2013). Self-acceptance and happiness. In M. E. Bernard (Ed.), *The strength of self-acceptance: Theory, practice and research* (pp. 121-137). Springer Science + Business Media.

Xu, W., Zhou, Y., Fu, Z., & Rodriguez, M. (2017). Relationships between dispositional mindfulness, self-acceptance, perceived stress, and psychological symptoms in advanced gastrointestinal cancer patients. *Psycho-Oncology, 26*(12), 2157–2161.

11 관계학 개론
섭섭이가 나타나지 않으려면

Fligstein, N. (2001). Social skill and the theory of fields. *Sociological Theory, 19*(2), 105–125.

Haslanger, S. (2019). Cognition as a social skill. *Australasian Philosophical Review, 3*(1), 5–25.

Hochwarter, W. A., Witt, L. A., Treadway, D. C., & Ferris, G. R. (2006). The interaction of social skill and organizational support on job performance. *Journal of Applied Psychology, 91*(2), 482–489.

Jones, W. H., Hobbs, S. A., & Hockenbury, D. (1982). Loneliness and social skill deficits. *Journal of Personality and Social Psychology, 42*(4), 682–689.

Kavale, K. A., & Forness, S. R. (1996). Social skill deficits and learning disabilities: A meta-analysis. *Journal of Learning Disabilities, 29*(3), 226–237.

사회생활 고수들의 완급 조절

Bian, Y. (1997). Bringing strong ties back in: Indirect ties, network bridges, and job searches in China. *American Sociological Review, 62*(3), 366–385.

Lai, G., Lin, N., & Leung, S. Y. (1998). Network resources, contact resources, and status attainment. *Social Networks, 20*(2), 159–178.

Loury, L. D. (2006). Some contacts are more equal than others: Informal networks, job tenure, and wages. *Journal of Labor Economics, 24*(2), 299–318.

McMillan, C. (2022). Worth the weight: Conceptualizing and measuring strong versus weak tie homophily. *Social Networks, 68*, 139–147.

Wright, K. B., Rains, S., & Banas, J. (2010). Weak-tie support network preference and perceived life stress among participants in health-related, computer-mediated support groups. *Journal of Computer-Mediated Communication, 15*(4), 606–624.

Yakubovich, V. (2005). Weak ties, information, and influence: How workers find jobs in a local Russian labor market. *American Sociological Review, 70*(3), 408–421.

12 멀리해야 할 사이
이상한 사람들

도은영, 이국희(2021). 코로나바이러스감염증-19(코로나-19)로 인한 사회적 거리두기가 청소년의 인지적 효율과 생활 만족도 변화 지각에 미치는 효과: 외향성과 행복에 대한 신념의 상호작용. 지역과 세계, 45(3), 177–217.

Emmons, R. A. (1987). Narcissism: Theory and measurement. *Journal of Personality and Social Psychology, 52*(1), 11–17.

Falkenbach, D. M., Howe, J. R., & Falki, M. (2013). Using self-esteem to disaggregate psychopathy, narcissism, and aggression. *Personality and Individual Differences, 54*(7), 815–820.

Porges, S. W. (2004). Neuroception: A subconscious system for detecting threats and safety. *Zero to Three (J), 24*(5), 19–24.

Ugazio, G., Lamm, C., & Singer, T. (2012). The role of emotions for moral judgments depends on the type of emotion and moral scenario. *Emotion, 12*(3), 579–590.

뭐라도 된 줄 아는 사람들

Piff, P. K., Stancato, D. M., Côté, S., Mendoza-Denton, R., & Keltner, D. (2012). Higher social class predicts increased unethical behavior. *Proceedings of the National Academy of Sciences, 109*(11), 4086–4091.

13 협동하는 사이
등을 믿고 맡길 수 있다는 것

Axelrod, R., & Hamilton, W. D. (1981). The evolution of cooperation. *Science*, *211*(4489), 1390–1396.

Blakemore, S. J. (2008). The social brain in adolescence. *Nature Reviews Neuroscience*, *9*(4), 267–277.

Dunbar, R. I. (2003). The social brain: Mind, language, and society in evolutionary perspective. *Annual Review of Anthropology*, *32*(1), 163–181.

Dunbar, R. I. (2014). The social brain: Psychological underpinnings and implications for the structure of organizations. *Current Directions in Psychological Science*, *23*(2), 109–114.

Dunbar, R. I., & Shultz, S. (2007). Evolution in the social brain. *Science*, *317*(5843), 1344–1347.

Eisenberger, N. I., Lieberman, M. D., & Williams, K. D. (2003). Does rejection hurt? An fMRI study of social exclusion. *Science*, *302*(5643), 290–292.

Jaremka, L. M., Fagundes, C. P., Glaser, R., Bennett, J. M., Malarkey, W. B., & Kiecolt-Glaser, J. K. (2013). Loneliness predicts pain, depression, and fatigue: Understanding the role of immune dysregulation. *Psychoneuroendocrinology*, *38*(8), 1310–1317.

Sutcliffe, A., Dunbar, R., Binder, J., & Arrow, H. (2012). Relationships and the social brain: Integrating psychological and evolutionary perspectives. *British Journal of Psychology*, *103*(2), 149–168.

이직하면 평범해지는 최고 실력자

Groysberg, B., Lee, L. E., & Nanda, A. (2008). Can they take it with them? The portability of star knowledge workers' performance. *Management Science*, *54*(7), 1213–1230.

Huckman, R. S., & Pisano, G. P. (2006). The firm specificity of individual performance: Evidence from cardiac surgery. *Management Science*, *52*(4), 473–488.

저 사람, 예전엔 그렇지 않았어요

Gino, F., & Pierce, L. (2009). The abundance effect: Unethical behavior in the presence of wealth. *Organizational Behavior and Human Decision Processes, 109*(2), 142–155.

Piff, P. K., Stancato, D. M., Côté, S., Mendoza-Denton, R., & Keltner, D. (2012). Higher social class predicts increased unethical behavior. *Proceedings of the National Academy of Sciences, 109*(11), 4086–4091.

Vohs, K. D., Mead, N. L., & Goode, M. R. (2006). The psychological consequences of money. *Science, 314*(5802), 1154–1156.

14 이기적 이타심
가끔, 크고, 길게 해야 행복한 이타적 행동

Lyubomirsky, S., Sheldon, K. M., & Schkade, D. (2005). Pursuing happiness: The architecture of sustainable change. *Review of General Psychology, 9*(2), 111–131.

Maslach, C., Schaufeli, W. B., & Leiter, M. P. (2001). Job burnout. *Annual Review of Psychology, 52*(1), 397–422.

봉사는 내 삶을 지키면서 하는 것

Bergeron, D. M. (2007). The potential paradox of organizational citizenship behavior: Good citizens at what cost? *The Academy of Management Review, 32*(4), 1078–1095.

Bolino, M. C., Klotz, A. C., Turnley, W. H., & Harvey, J. (2013). Exploring the dark side of organizational citizenship behavior. *Journal of Organizational Behavior, 34*(4), 542–559.

Bolino, M. C., & Turnley, W. H. (2005). The Personal Costs of Citizenship Behavior: The Relationship Between Individual Initiative and Role Overload, Job Stress, and Work-Family Conflict. *Journal of Applied Psychology, 90*(4), 740–748.

Fritz, H. L., & Helgeson, V. S. (1998). Distinctions of unmitigated communion from communion: Self-neglect and overinvolvement with others. *Journal of Personality and Social Psychology, 75*(1), 121–140.

Helgeson, V. S. (1994). Relation of agency and communion to well-being: Evidence and potential explanations. *Psychological Bulletin, 116*(3), 412–428.

Helgeson, V. S., & Fritz, H. L. (1999). Unmitigated agency and unmitigated communion: Distinctions from agency and communion. *Journal of Research in Personality, 33*(2), 131–158.

15 성격적 적용
미성숙한 방어기제

Vaillant, G. E. (1995). *The wisdom of the ego.* Harvard University Press.

Vaillant, G. E. (1992). *Ego mechanisms of defense: A guide for clinicans and researchers.* American Psychiatric Pub.

Vaillant, G. E. (2008). *Aging well: Surprising guideposts to a happier life from the landmark study of adult development.* Hachette UK.

Vaillant, G. E. (2012). *Triumphs of Experience.* Harvard University Press.

신경증적 방어기제

Vaillant, G. E. (1995). *The wisdom of the ego.* Harvard University Press.

Vaillant, G. E. (1992). *Ego mechanisms of defense: A guide for clinicans and researchers.* American Psychiatric Pub.

Vaillant, G. E. (2008). *Aging well: Surprising guideposts to a happier life from the landmark study of adult development.* Hachette UK.

Vaillant, G. E. (2012). *Triumphs of Experience.* Harvard University Press.

성숙한 방어기제

Vaillant, G. E. (1995). *The wisdom of the ego.* Harvard University Press.

Vaillant, G. E. (1992). *Ego mechanisms of defense: A guide for clinicans and researchers.* American Psychiatric Pub.

Vaillant, G. E. (2008). *Aging well: Surprising guideposts to a happier life from the landmark study of adult development.* Hachette UK.

Vaillant, G. E. (2012). *Triumphs of Experience.* Harvard University Press.

16 우리 안의 고통
관계의 고통은 진짜 통증이다

DeWall, C. N., MacDonald, G., Webster, G. D., Masten, C. L., Baumeister, R. F., Powell, C., ... & Eisenberger, N. I. (2010). Acetaminophen reduces social pain: Behavioral and neural evidence. *Psychological Science*, *21*(7), 931–937.

Eisenberger, N. I. (2012). The neural bases of social pain: Evidence for shared representations with physical pain. *Psychosomatic Medicine*, *74*(2), 126–135.

MacDonald, G., & Leary, M. R. (2005). Why Does Social Exclusion Hurt? The Relationship Between Social and Physical Pain. *Psychological Bulletin*, *131*(2), 202–223.

지금 아픈 사람은 다른 아픈 사람의 마음을 모른다

Lee, G. H., & Park, C. (2019). Social exclusion and donation behaviour: What conditions motivate the socially excluded to donate?. *Asian Journal of Social Psychology*, *22*(2), 203–212.

Twenge, J. M., & Baumeister, R. F. (2005). Social Exclusion Increases Aggression and Self-Defeating Behavior while Reducing Intelligent Thought and Prosocial Behavior. In D. Abrams, M. A. Hogg, & J. M. Marques (Eds.), *The social psychology of inclusion and exclusion* (pp. 27–46). Psychology Press.

Twenge, J. M., Baumeister, R. F., DeWall, C. N., Ciarocco, N. J., & Bartels, J. M. (2007). Social exclusion decreases prosocial behavior. *Journal of Personality and Social Psychology*, *92*(1), 56–66.

죄책감과 수치심은 길이 다르다

Edmondson, A. C. (2018). *The fearless organization: Creating psychological safety in the workplace for learning, innovation, and growth.* John Wiley & Sons.

Grange, P. (2020). *Fear less: How to win at life without losing yourself.* Random House.

저자 소개

이국희 Guk-Hee Lee

1983년에 태어났다. 아동기에는 타자기를 보았고, 초등학생 때는 486 컴퓨터를 사용했고, 중학생 때는 데스크톱 컴퓨터에 모뎀을 연결하여 PC 통신을 했고, 고등학생 때는 랜선을 연결하여 싸이월드를 했다. 대학생 때는 무선 인터넷이 되는 노트북으로 과제를 했으며, 졸업할 때는 스마트폰을 사용했다. 원래 경제학 전공이었는데, 대학에 입학하던 2002년 노벨 경제학상을 수상한 인지심리학자 다니엘 카네만의 연구에 매료되어 결국 인지심리학으로 박사학위를 받았다. 나는 스티븐 풀의 『리씽크』라는 책을 보다가 떠오른 '오래된 미래'라는 말을 좋아한다. 이 말을 떠올릴 때마다, 과거의 지식을 내 기억으로 만든 사람만이 미래를 개척할 수 있음을 느낀다. 소박한 바람이 있다면, 학교 주변에 라떼가 특히 맛있고 조용해서 집중적으로 글을 쓸 수 있는 (나만 아는) 카페가 있었으면 좋겠다. 현재 경기대학교에서 자기 계발, 인성, 심리학 관련 과목을 가르치고 있지만, 실상은 여전히 배우는 자이며, 앞으로도 배우며 살 것이다.

학력

[학사] 선문대학교 국제경제학과 졸업(경제학사)
[석박사] 광운대학교 산업심리학과 석박사통합과정 졸업(심리학박사: 인지심리학 전공)

경력

[전] 서울대학교 행복연구센터 박사후연구원
　　　연세대학교 스마트미디어교육센터 외래교수
　　　이화여자대학교 융합디자인연구소 박사후연구원
　　　광운대학교 산업심리학과 외래교수
[현] 경기대학교 교양학부 조교수
　　　한국감성과학회 학술위원회 이사
　　　한국성인교육학회 Young Ace 위원회 이사
　　　진술분석 전문가 자격관리 위원회 위원

저서

메모리 크래프트: 나의 미래를 지배할 기억의 심리학(이너북스, 2019)

SNS

유튜브 채널: (채널명) 인지심리학자 이국희 교수
브런치스토리 작가: (필명) 이국희
인스타그램: profcookie722

행복을 디자인하다

Design happiness

2024년 3월 15일 1판 1쇄 발행
2024년 9월 25일 1판 2쇄 발행

지은이 • 이 국 희
펴낸이 • 김 진 환
펴낸곳 • (주) **학 지 사**

04031 서울특별시 마포구 양화로 15길 20 마인드월드빌딩 5층
대표전화 • 02) 330-5114   팩스 • 02) 324-2345
등록번호 • 제313-2006-000265호

홈페이지 • http://www.hakjisa.co.kr
인스타그램 • https://www.instagram.com/hakjisabook/

ISBN 978-89-997-3081-8 03180

정가 16,000원

출판미디어기업 학 지 사

간호보건의학출판 **학지사메디컬** www.hakjisamd.co.kr
심리검사연구소 **인싸이트** www.inpsyt.co.kr
학술논문서비스 **뉴논문** www.newnonmun.com
원격교육연수원 **카운피아** www.counpia.com
대학교재전자책플랫폼 **캠퍼스북** www.campusbook.co.kr